INIS DOM 5

Liam Breatnach

Gill & Macmillan

Gill & Macmillan Ltd
Ascaill Hume
An Pháirc Thiar
Baile Átha Cliath 12
agus cuideachtaí comhlachta ar fud an domhain
www.gillmacmillan.ie

© Liam Breatnach 2001
0 7171 3194 7
Léaráidí: Kate Walsh
Dearadh le Design Image, Dublin
Clóchuradóireacht bunaidh arna déanamh in Éirinn ag Carole Lynch

Rinneadh an páipéar atá sa leabhar seo as laíon adhmaid ó fhoraoisí rialaithe. In aghaidh gach crann a leagtar cuirtear crann amháin eile ar a laghad, agus ar an gcaoi sin déantar athnuachan ar acmhainní nádúrtha.

Gach ceart ar cosaint. Ní ceadmhach aon chuid den fhoilseachán seo a atáirgeadh, a chóipeáil ná a tharchur i gcruth ar bith ná ar dhóigh ar bith gan cead scríofa a fháil ó na foilsitheoirí ach amháin de réir coinníollacha ceadúnas ar bith a cheadaíonn cóipeáil theoranta arna eisiúint ag Gníomhaireacht Cheadúnaithe Cóipchirt na hÉireann, Lárionad Scríbhneoirí na hÉireann, Cearnóg Pharnell, Baile Átha Cliath 1.

ADMHÁLACHA
Ba mhaith leis na foilsitheoirí a mbuíochas a ghabháil leis na heagraíochtaí agus leis na daoine seo a leanas as cead a thabhairt dóibh dánta atá faoi chóipcheart a atáirgeadh sa leabhar seo:

Éamon Ó Riordáin maidir le 'An Deireadh Seachtaine'; Áine Ní Ghlinn maidir le 'Gairdín Pháidín'.

Beidh na foilsitheoirí sásta socruithe cuí a dhéanamh le haon sealbhóir cóipchirt nach raibh fáil air a dhéanann teagmháil leo tar éis fhoilsiú an leabhair.

RÉAMHRÁ

Comhrá ranga, comhrá beirte, comhrá baile, cleachtaí éisteachta, scéalta, drámaí agus dánta taitneamhacha, tomhais, rabhlóga agus seanfhocail – tá siad go léir sa leabhar seo. Cloíonn na scéalta go dlúth leis na téamaí atá aitheanta i gCuraclam na Gaeilge – *Mé Féin, Sa Bhaile, An Scoil, Bia, An Teilifís, Ag Siopadóireacht, Caitheamh Aimsire, Éadaí, An Aimsir* agus *Ócáidí Speisialta*. Cuirfidh na cleachtaí gnéithe éagsúla den éisteacht, den labhairt, den léitheoireacht, den drámaíocht, den scríbhneoireacht agus den ghramadach chun cinn ar bhonn comhtháite.

I ngach cúigiú ceacht, déantar athbhreithniú ar na ceachtanna roimhe trí mheán na scéalaíochta is na drámaíochta. Daingneoidh sin an foclóir, na frásaí, agus na pointí gramadaí atá foghlamtha ag na daltaí go nuige seo.

Séard atá ar an dlúthdhiosca a ghabhann leis an leabhar ná, scéalta, sceitsí, dánta is tascanna éisteachta. Tá script na gcleachtaí éisteachta is na sceitsí le fáil sa leabhrán Scéimeanna Bliana Rang (I–VI). D'fhéadfadh an t-oide ceann díobh seo a léamh fad atá an dalta ag éisteacht leis/léi agus ag féachaint ar phictiúr nó ar cheisteanna atá bunaithe ar an scéal nó ar an sceitse céanna. Cuideoidh na cleachtaí líníochta le cumas ealaíne an dalta a fhorbairt.

CLÁR

			Lth
1	Tráthnóna inné	} Mé Féin	1
2	Cuairt ar an ngruagaire		6
3	Mo chol ceathar	} Sa Bhaile	12
4	Seán agus an cat		17
5	Dul Siar: *Scéal* — Seán ar cuairt. *Dráma* — Madra Chiara.		22
6	Ciara agus a peata luchín	} An Scoil	27
7	Timpiste sa chlós		34
8	Ag ní na ngréithe	} Bia	39
9	An smólach sa ghairdín		44
10	Dul Siar: *Scéal* — Nead an cholúir. *Dráma* — An níochán.		49
11	Aréir	Teilifís	54
12	Lá Nollag	Ócáidí Speisialta	60
13	Cuairt ar an siopa físeán	} Ag Siopadóireacht	65
14	Ciara ag siopadóireacht		70
15	Dul Siar: *Scéal* — Ciara agus an t-uachtar reoite. *Dráma* — An Clár Teilifíse.		75
16	An Bhláthcheapach	} An Aimsir	81
17	An Stoirm		87
18	Comórtas bréag-éadaigh	Éadaí	93
19	Lá 'le Pádraig	Ócáidí Speisialta	100
20	Dul Siar: *Scéal* — Daidí bocht. *Dráma* — Glao gutháin.		105
21	Imríonn Síle camógaíocht	} Caitheamh Aimsire	110
22	Imríonn Ciara leadóg		115
23	Turas scoile	} Ócáidí Speisialta	120
24	An cheolchoirm		126
25	Dul Siar: *Scéal* — Cúchulainn. *Dráma* — Turas scoile.		131
26	Na Briathra Neamhrialta		136

Comhrá: An bhfuil na páistí ag dul ar scoil/ag dul abhaile?
An bhfuil an geata ar oscailt/dúnta?
Inis dom faoi phictiúr a dó.
An bhfuil Seán ag féachaint ar an teilifís?
An bhfuil sé ina shuí ar an gcathaoir uilleann?
Inis dom faoi phictiúir a ceathair agus a cúig srl.

1 Tráthnóna Inné

2 (a) Tráthnóna Inné

Shiúil Seán abhaile ón scoil tráthnóna inné. D'oscail sé an doras agus chuaigh sé isteach sa seomra suí. Rinne sé a cheachtanna ansin.

D'fhág sé an teach ar a ceathair a chlog. D'oscail sé an geata agus chas sé ar chlé. Shiúil sé go barr na sráide. Bhí spás oscailte ansin. Bhí a chara, Ciarán, ann. Thosaigh siad ag imirt peile. Tar éis tamaill, shiúil Seán agus Ciarán go bun na sráide. Chuaigh siad isteach i siopa agus cheannaigh siad milseáin. Ansin chas siad abhaile. Bhí áthas ar Sheán mar bhí a cheachtanna déanta aige. Thosaigh sé ag féachaint ar an teilifís.

(b) Ceisteanna

1. Cé a shiúil abhaile ón scoil?
2. Cad a rinne Seán sa seomra suí?
3. Cathain a d'fhág sé an teach?
4. Cár shiúil Seán?
5. Cé a bhí sa spás oscailte?
6. Cad a bhí ag bun na sráide?
7. Cén t-am a rinne tú do cheachtanna inné?

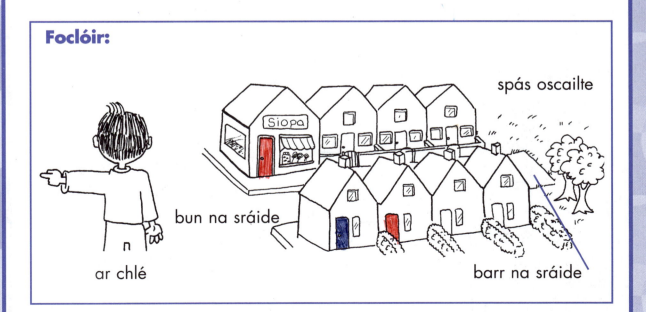

Foclóir: spás oscailte, bun na sráide, ar chlé, barr na sráide

3 (a) Le foghlaim:
Aimsir Chaite – inné – h

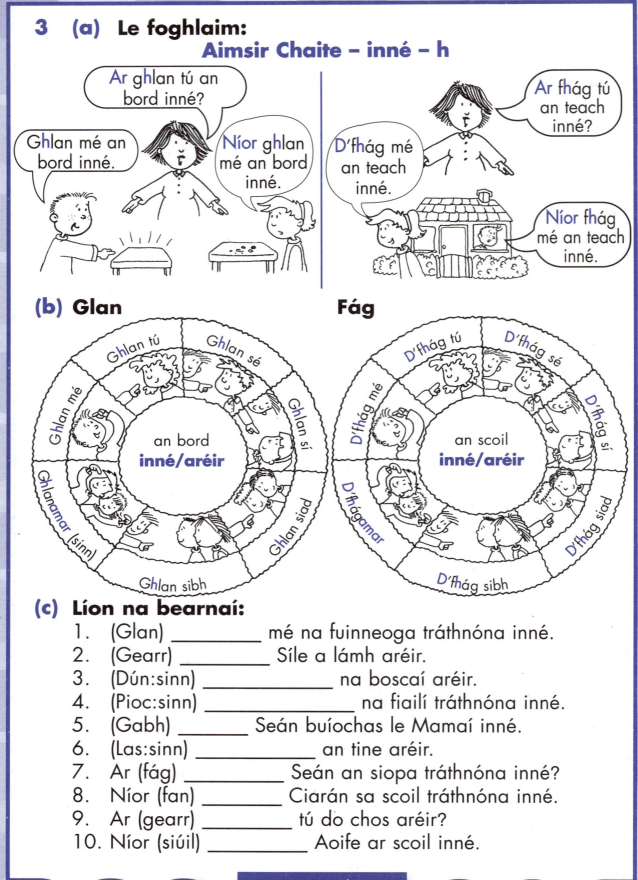

(b) **Glan** **Fág**

(c) **Líon na bearnaí:**
1. (Glan) _____ mé na fuinneoga tráthnóna inné.
2. (Gearr) _____ Síle a lámh aréir.
3. (Dún:sinn) _____ na boscaí aréir.
4. (Pioc:sinn) _____ na fiailí tráthnóna inné.
5. (Gabh) _____ Seán buíochas le Mamaí inné.
6. (Las:sinn) _____ an tine aréir.
7. Ar (fág) _____ Seán an siopa tráthnóna inné?
8. Níor (fan) _____ Ciarán sa scoil tráthnóna inné.
9. Ar (gearr) _____ tú do chos aréir?
10. Níor (siúil) _____ Aoife ar scoil inné.

4 (a) Le foghlaim:

(b) Líon na bearnaí:

1. Chuir Eoin a (cóta)_____ sa vardrús.
2. D'fhág Síle a (chóta)_____ ar an gcathaoir.
3. D'oscail mé mo (mála)_____ scoile ar maidin.
4. Chonaic Seán do (caipín)_____ ar an urlár.
5. Ar ith tú do (cáca)_____ aréir?
6. 'Cár chuir tú mo (giotár)_____?' arsa Seán le Síle.
7. An bhfuil do (ceachtanna)_____ déanta agat?

5 Éist CD Rian 1

CEACHT 2

Comhrá beirte/Comhrá baile

bun na sráide   barr na sráide

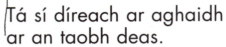

1. Cá bhfuil an scoil?
2. Cá bhfuil an teileafón?
3. Cá bhfuil an siopa?
4. Cá bhfuil an banc?

1. Tá sí díreach ar aghaidh ar an taobh deas.
2. Tá sé díreach ar aghaidh ar an taobh clé.
3. Cas ar chlé agus tá sé ag bun na sráide ar an taobh deas.
4. Cas ar dheis agus tá sé ag barr na sráide ar an taobh clé.

❶ Cá bhfuil an carr?
❷ Cá bhfuil an madra?
❸ Cá bhfuil an cat?

Tá sé…

Comhrá: Cé atá sa bhus?
Cá ndeachaigh an cailín agus a Mamaí?
Cé atá ag ní a cuid gruaige?
Inis dom faoi phictiúr a ceathair.
Cé mhéad cathaoir atá i bpictiúr a dó?/i bpictiúr a sé?
Ar ghearr an gruagaire gruaig Mhamaí?

1. Cuairt ar an nGruagaire

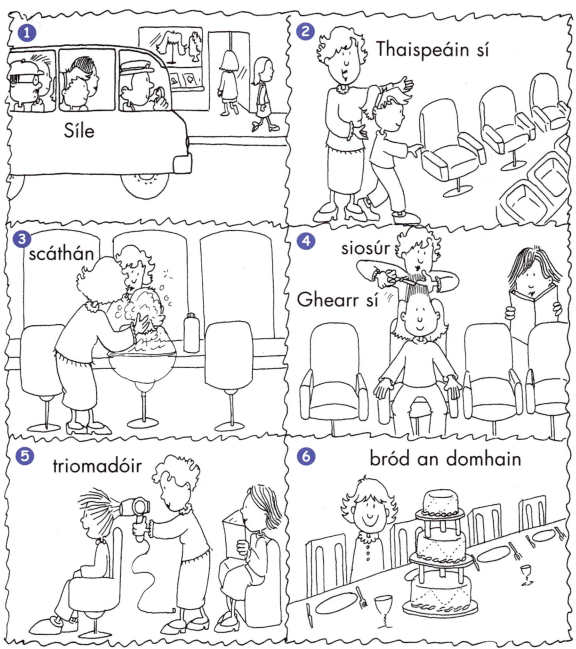

Thriomaigh sí mo chuid gruaige leis an triomadóir.

Bhí bród an domhain orm ag an mbainis an tráthnóna sin.

2 (a) Cuairt ar an nGruagaire

Phós m'aintín tráthnóna inné. Chuaigh mé go dtí an gruagaire ar maidin. Chuaigh mé féin agus Mamaí sa bhus isteach sa chathair. Ansin shiúlamar go dtí an salón.

   Thaispeáin an gruagaire cathaoir dom. Ar dtús, nigh sí mo ghruaig le huisce agus le seampú. Ansin fuair sí siosúr agus ghearr sí mo chuid gruaige. Thug sí stíl nua dom. Ansin fuair sí an triomadóir gruaige. Thriomaigh sí mo chuid gruaige leis. D'fhéach mé sa scáthán. Bhí mé an-sásta leis an stíl nua. Bhí bród an domhain orm ag an mbainis an tráthnóna sin.

(b) Ceisteanna

1. Cé a phós inné?
2. Cá ndeachaigh tú ar maidin?
3. Cé a thaispeáin cathaoir duit?
4. Céard a rinne an gruagaire ar dtús?
5. Céard a rinne sí leis an siosúr?
6. Céard a rinne sí leis an triomadóir?
7. An raibh tú sásta leis an stíl nua?

Foclóir:
1. Phós sí = she married
2. gruagaire = hairdresser
3. shiúlamar = we walked
4. thaispeáin sí = she showed
5. triomadóir gruaige = hairdryer
6. scáthán = mirror
7. ag an mbainis = at the wedding-feast.

salón

3 (a) Le foghlaim:
Aimsir Chaite – inné – h

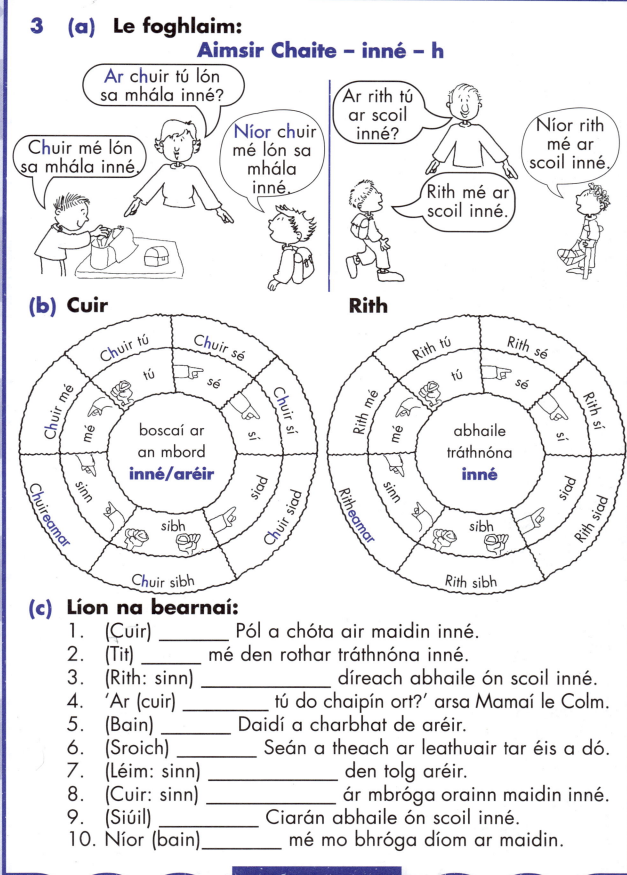

(b) Cuir — boscaí ar an mbord **inné/aréir**

Chuir mé, Chuir tú, Chuir sé, Chuir sí, Chuir siad, Chuir sibh, Chuireamar, sinn

Rith — abhaile tráthnóna **inné**

Rith mé, Rith tú, Rith sé, Rith sí, Rith siad, Rith sibh, Ritheamar, sinn

(c) Líon na bearnaí:
1. (Cuir) _____ Pól a chóta air maidin inné.
2. (Tit) _____ mé den rothar tráthnóna inné.
3. (Rith: sinn) _____ díreach abhaile ón scoil inné.
4. 'Ar (cuir) _____ tú do chaipín ort?' arsa Mamaí le Colm.
5. (Bain) _____ Daidí a charbhat de aréir.
6. (Sroich) _____ Seán a theach ar leathuair tar éis a dó.
7. (Léim: sinn) _____ den tolg aréir.
8. (Cuir: sinn) _____ ár mbróga orainn maidin inné.
9. (Siúil) _____ Ciarán abhaile ón scoil inné.
10. Níor (bain) _____ mé mo bhróga díom ar maidin.

4 Scríobh an scéal sa chóipleabhar.

| Chonaic sí | sa chistin | ina láimh | siosúr | Mamaí |
| fearg | ar an urlár | an teilifís | an staighre | |

Liam óg

Shiúil Liam isteach ___ _____. Chonaic sé _____. Chonaic sé _____ ar an mbord. Thóg sé an siosúr _____. Ghearr sé gruaig _____. Tháinig _____ isteach sa chistin. _____ ___ an ghruaig ___ ___ _____. Bhí _____ uirthi. Chuir sí Liam suas ___ _____ go dtí a sheomra codlata. Ní raibh cead ag Liam féachaint ar ____ _____ an oíche sin.

5 Seanfhocal
Ní thagann ciall roimh aois.

Anois tarraing do phictiúr féin.

CD Rian 2

Sonia

Mo cheol thú! a Shonia
Ó Chóbh cois na farraige;
Is tusa ár réalta
Thar lear is sa bhaile.

Thriall tú ar an ollscoil –
Villanova sna Stáit,
Is d'fhoghlaim tú do cheird
Ar pháirc is ar shráid.

Chorraigh tú ár gcroí,
Nuair a fuair tú an deis
I Helsinki, Budapest,
Gothenburg is Marrakech.

Mo ghraidhin thú! a Shonia,
Thuill tú clú agus cáil,
Nuair a bhuaigh tú an bonn
I Sydney san Astráil.

Foclóir: ár réalta = our star; thar lear = overseas; Thriall tú = you went; ollscoil = university; ceird = craft; Chorraigh tú = you stirred; an deis = the opportunity; Mo ghraidhin thú! = Bravo!; clú agus cáil = fame and renown; bonn = medal.

CEACHT 3

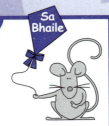

Cuir ceist ar do chara.

A   B

1. An bhfuil col ceathar agat?
2. Cad is ainm dó/di?
3. Cén aois é/í?

1. Tá col ceathar agam.
2. _____ is ainm dó/di.
3. Tá sé/sí _____ _____ d'aois.

4. An bhfuil deartháir/deirfiúr aige/aici?

4. ___ deartháir/deirfiúr aige/aici.

5. Cá bhfuil sé/sí ina cónaí?

5. Tá sé/sí ina cónaí faoin tuath/sa chathair/sa bhaile mór.

6. An bhfaca tú é/í inné?

6. Chonaic mé/Ní fhaca mé é/í inné.

1. An bhfaca tú carr inné?
2. An bhfaca tú do chol ceathar inné?

12   a dó dhéag

Comhrá: Inis dom faoi phictiúr a h-aon.
Céard atá ag Brian?
An bhfuil aon duine eile ar an tsráid?
Inis dom faoi phictiúr a ceathair.
An raibh béile breá ag Brian?
Cad tá ar an mbord?
Cé mhéad carr atá ar an mbóthar? srl.

1 Mo Chol Ceathar

2 (a) Mo Chol Ceathar

Tháinig m'uncail Tomás, a bhean Máire agus mo chol ceathar Brian go dtí mo theach inné. Chuir Daidí agus Mamaí fáilte rompu. Thóg siad Tomás agus Máire isteach sa seomra suí.

   D'fhan Brian liom ar an tsráid. Bhí clár scátála aige. Bhí clár scátála agamsa, freisin. Thosaíomar ag rásaíocht. Bhí mé ag dul go mear ach bhí Brian ag dul níos mire. Tar éis tamaill chuamar isteach i siopa. Cheannaigh mise greannán agus cheannaigh Brian úll.

   Bhí béile breá ullamh ag Mamaí agus Daidí. Tar éis an tae, d'imigh Tomás, Máire agus Brian abhaile. Thaitin an lá sin liom, cinnte.

(b) Ceisteanna

1. Cé a tháinig inné?
2. Cé a chuir fáilte rompu?
3. Cá ndeachaigh Tomás, Máire, Daidí agus Mamaí?
4. Cad a bhí ag Brian?
5. An raibh Brian níos mire ná thú?
6. Cad a cheannaigh tú sa siopa?
7. Ar cheannaigh Brian greannán?

Foclóir: 1. col ceathar = first cousin; 2. fáilte = welcome; 3. clár scátála =  4. ag rásaíocht =  5. mear   níos mire; 6. greannán = comic; 7. béile breá = fine meal 8. cinnte = certainly

3 (a) Le foghlaim:
Aimsir Chaite – inné – h

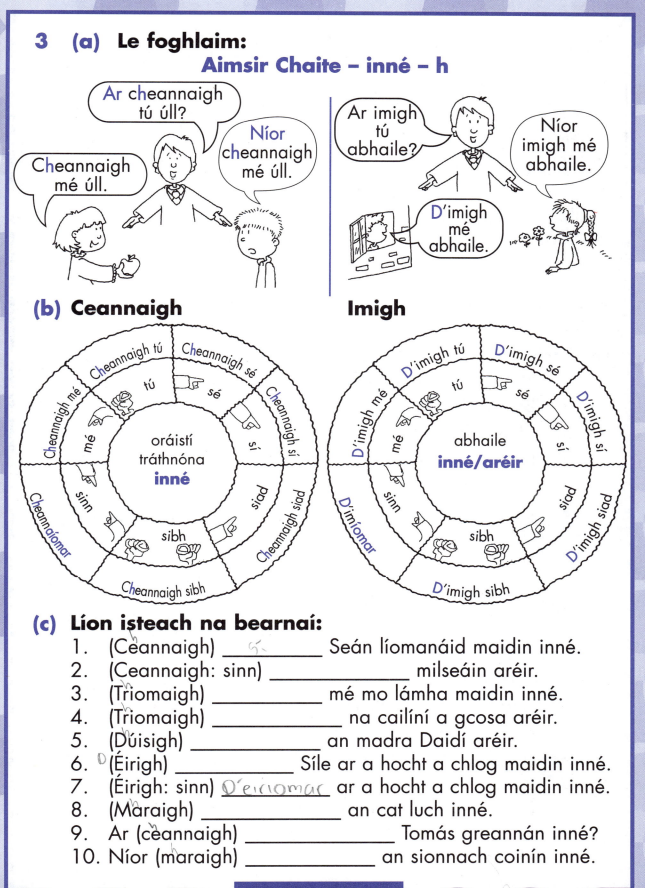

(c) Líon isteach na bearnaí:
1. (Ceannaigh) _____ Seán líomanáid maidin inné.
2. (Ceannaigh: sinn) _____ milseáin aréir.
3. (Triomaigh) _____ mé mo lámha maidin inné.
4. (Triomaigh) _____ na cailíní a gcosa aréir.
5. (Dúisigh) _____ an madra Daidí aréir.
6. (Éirigh) _____ Síle ar a hocht a chlog maidin inné.
7. (Éirigh: sinn) D'eiríomar ar a hocht a chlog maidin inné.
8. (Maraigh) _____ an cat luch inné.
9. Ar (ceannaigh) _____ Tomás greannán inné?
10. Níor (maraigh) _____ an sionnach coinín inné.

4 (a) Le foghlaim:

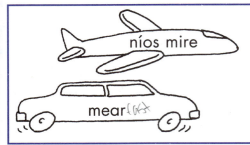

maith – níos fearr *good* olc – níos measa *bad*
te – níos teo *hot* fuar – níos fuaire *cold*
mór – níos mó *big* beag – níos lú *small*
láidir – níos láidre *strong* lag – níos laige *weak*
fada – níos faide *long* gearr – níos giorra *short*

(b) Líon na bearnaí:

1. Rith Áine go mear ach rith Íde níos (mear) _____.
2. Bhí sé te Dé Luain ach bhí sé níos (te) _____ ar an Mháirt.
3. Tá bó mór ach tá eilifint níos (mór) _____.
4. Rinne Seán bosca beag. Rinne Liam bosca níos (beag) _____.
5. Scríobh Nóra scéal maith. Scríobh Síle scéal níos (maith) _____.
6. An bhfuil Liam níos (láidir) _____ ná Colm?

5 Éist CD Rian 3

Scríobh an focal 'fíor' nó 'bréagach'.
1. Cheannaigh Seán cóc sa siopa. *Bréagach*
2. Chas Seán ar chlé nuair a d'fhág sé an siopa. *Bréagach*
3. Bhí múinteoir ag an gcrosaire. *Bréagach*
4. Chonaic sé bosca teileafóin ag bun na sráide. *Fíor*
5. Bhí an scoil ar an taobh clé den tsráid. *Bréagach*
6. Bhuail sé lena chol ceathar Liam ag an scoil. *Bréagach*
7. Ní dheachaigh Seán agus Ciarán isteach sa teach. *Bréagach*

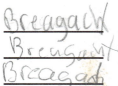

CEACHT 4

Comhrá beirte/Comhrá baile

Cuir ceist ar do chara.

A

1. An bhfuil tú i do chónaí i dteach scoite?
2. An bhfuil tú i do chónaí i dteach leathscoite?
3. An bhfuil tú i do chónaí i dteach sraithe?
4. An bhfuil tú i do chónaí i mbungaló?

B

1. Tá/Níl mé i mo chónaí i dteach scoite.
2. Tá/Níl mé i mo chónaí i dteach leathscoite.
3. Tá/Níl mé i mo chónaí i dteach sraithe.
4. Tá/Níl mé i mo chónaí i mbungaló.

5. Cé mhéad seomra sa teach?

5. Tá naoi/ocht/seacht seomra sa teach.

6. Ainmnigh na seomraí.

6. Trí sheomra codlata, seomra teaghlaigh, seomra suí, seomra folctha agus an chistin.

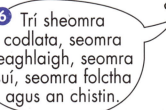

Foclóir: teach scoite = detached house;   teach sraithe = terraced house

1. An bhfuil tú i do chónaí sa chathair?
2. An bhfuil tú i do chónaí i dteach leathscoite?

Comhrá: An bhfuil an cúldoras ar oscailt?
An bhfuil an fhuinneog ar oscailt?
An bhfuil bláthanna ag fás san fhaiche?
Inis dom faoi phictiúir a dó/a trí/a ceathair.
Céard atá ar an gcófra?/sa chófra?
Céard atá sa vardrús/ar an tseilf?

1. Seán agus an Cat

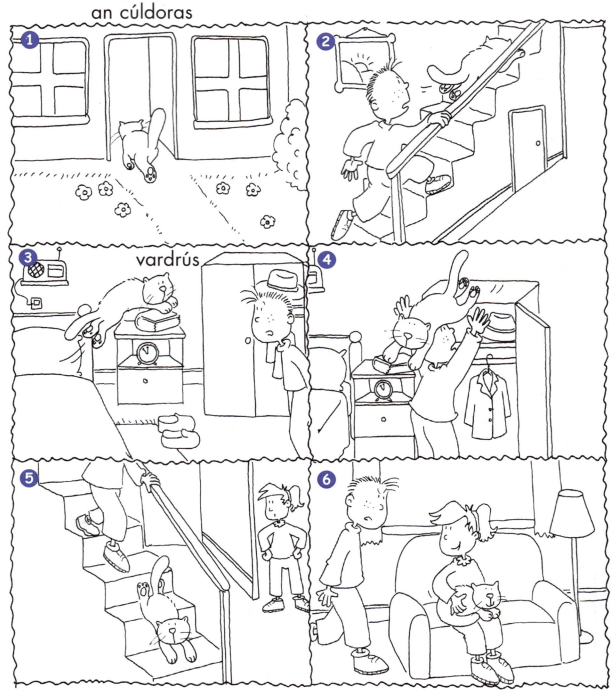

18   a hocht déag

2 (a) Seán agus an Cat

Tá mo chara Seán ina chónaí i dteach leathscoite taobh liom. D'fhág sé an cúldoras ar oscailt Dé Luain seo caite. D'éalaigh cat isteach sa halla. Bhí sé ag dul suas an staighre nuair a chonaic Seán é. Rith sé ina dhiaidh. Chuaigh an cat isteach sa seomra codlata. Léim sé suas ar an gcófra agus ansin suas ar an vardrús. Shiúil Seán go dtí an vardrús. Léim an cat thar a cheann agus síos an staighre. Rith sé isteach sa seomra teaghlaigh. Tháinig Seán anuas an staighre. Bhí a dheirfiúr Síle sa seomra teaghlaigh. Rug sí ar an gcat agus chuimil sí a cheann. Thosaigh an cat ag crónán.

Ó, ba mhaith le Síle cat a fháil mar pheata.

(b) Ceisteanna

1. Cá bhfuil Seán ina chónaí?
2. Céard a d'fhág Seán ar oscailt?
3. Cá ndeachaigh an cat?
4. Cár léim an cat?
5. Cé a bhí sa seomra teaghlaigh?
6. Ar bhuail Síle an cat?
7. Ar mhaith leatsa cat a fháil mar pheata?

Foclóir:

1. teach leathscoite

2. cúldoras

3. d'éalaigh cat = a cat escaped

4. chuimil sí = she rubbed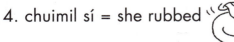

5. ina dhiaidh = after him

seomra teaghlaigh

3 **(a)** **Le foghlaim:**

1. aon chat amháin
2. dhá chat
3. trí chat
4. ceithre chat
5. cúig chat
6. sé chat
7. seacht gcat
8. ocht gcat
9. naoi gcat
10. deich gcat

(b) **Líon isteach na bearnaí:**

1. Chonaic mé (3: coinín) _____ _____ sa pháirc inné.
2. Ní fhaca mé (7: capall) _____ _____ ar an mbóthar.
3. Cheannaigh Mamó (6: giotár) _____ _____ inné.
4. Fuair Mamaí (5: cárta) _____ _____ sa siopa inné.
5. Cuir (9: bosca) _____ _____ ar an mbord.
6. Tá (8: crann) _____ _____ ag fás sa pháirc sin.
7. Thóg mé (4: caisleán) _____ _____ ar an trá.
8. D'ith mé (1: banana) _____ _____ _____ ar maidin.

(c) **Le foghlaim:**

1. aon uan amháin
2. dhá uan
3. trí uan
4. ceithre uan
5. cúig uan
6. sé uan
7. seacht n-uan
8. ocht n-uan
9. naoi n-uan
10. deich n-uan

(d) **Líon isteach na bearnaí:**

1. Phioc mé (8: úll)_____ _____ den chrann.
2. An bhfaca tú (7: oráiste)_____ _____ sa bhosca?
3. Chonaic Eoin (9: éan) _____ _____ ar an díon.
4. Chuir Daideo (10: ubh)_____ _____ sa bhosca aréir.
5. Thóg Mamó (1: oinniún)_____ _____ _____ as an mála.
6. Tá (2: ullchabhán)_____ _____ thuas ar an gcrann.

---

4 **Seanfhocal**

Tosach maith leath na hoibre.

Anois tarraing do phictiúr féin.

20   fiche

5 Scríobh an scéal.

Cuideoidh na focail seo leat:

| súil amháin | Rith Rúfaí | Fífí | cúldoras | ag tafann | sa teach |
| an conchró | ina chodladh | an fhuinneog | sa gharáiste | Rúfaí |

Rúfaí agus an Cat

Bhí Rúfaí ____ _____ sa chonchró. D'oscail sé ____ _____. Chonaic sé Fífí ag siúl isteach _____ ____ _____ ____ _____ ina dhiaidh. Bhí _____ ____ _____ ar oscailt. Léim _____ ____ amach an fhuinneog. Léim _____ R_____ amach an fhuinneog. Bhí ____ _____ ar oscailt. Rith Fífí isteach ____ ____. Dhún Síle _____ ____ _____. Thosaigh Rúfaí ____ _____. Shiúil sé go dtí ____ _____ agus thit sé ina chodladh arís.

21 fiche a haon

CEACHT 5
(Dul Siar)

 Seán agus a Chol Ceathar CD Rian 4

Chuaigh Seán go teach a uncail Dé Sathairn seo caite. Thóg a Mhamaí ann é sa charr. Tomás is ainm don uncail. Tá sé ina chónaí i dteach scoite faoin tuath.

Tháinig siad go dtí an teach tar éis uair a chloig. Bhí a uncail, a aintín Máire agus a chol ceathar, Brian, ann. Chuir siad fáilte roimh Sheán agus a mháthair.

'Fáilte romhaibh, fáilte romhaibh,' arsa Tomás. Bhí béile mór ar an mbord acu. D'ith Seán dinnéar breá. Tar éis an dinnéir, chuir Seán agus Brian na gréithe sa mhiasniteoir.

'Maith sibh, a bhuachaillí,' arsa Máire.

'An bhfuil cead againn dul go dtí an baile mór anois?' arsa Brian.

'Tá,' arsa Máire, 'ach bígí cúramach ar an mbóthar. Téigí go mall ar na rothair.'

'Ó, ní rachaimid go mear,' arsa Brian.

'Tar liom,' ar seisean le Seán.

Fuair siad na rothair sa gharáiste. D'imigh siad síos an bóthar go dtí an crosaire. Ansin chas siad ar chlé.

'Beidh rás againn go dtí an scoil anois,' arsa Brian.

Thosaigh siad ag rásaíocht. Bhí Brian níos láidre ná Seán agus bhuaigh sé an rás. Chas siad ar an teach ansin.

Chuir siad na rothair sa gharáiste. Chuaigh siad isteach sa seomra teaghlaigh. Bhí cluiche ríomhaire ag Brian. Thosaigh siad ag imirt an chluiche. Bhí spórt mór acu.

Ar a sé a chlog d'fhág Seán agus a Mhamaí slán ag Máire, ag Tomás agus ag Brian. D'fhill siad abhaile. Thaitin an lá go mór le Seán. Chodail sé go sámh an oíche sin.

Foclóir: ní rachaimid = we will not go;   ag rásaíocht = racing;
bhuaigh sé = he won;   chas siad = they turned;
seomra teaghlaigh = living room;   D'fhill siad abhaile = they returned home.

 Madra Chiara CD Rian 5

Muiris: Dia duit, a Chiara.
Ciara: Dia is Muire duit, a Mhuiris.
Muiris: Cad is ainm don mhadra?
Ciara: Bran is ainm dó.
Muiris: Cén saghas madra é?
Ciara: Madra gunna is ea é.
Muiris: Cá mbíonn sé ina chodladh?
Ciara: Bíonn sé ina chodladh sa chonchró sa samhradh. Codlaíonn sé in aice na tine sa gheimhreadh.
Muiris: An mbíonn sé ag tafann go minic?
Ciara: Ó, ní bhíonn sé ag tafann. Ní chuireann sé isteach ar fhear an phoist ach tosaíonn sé ag tafann nuair a fheiceann sé strainséir.
Muiris: An bhfuil cead agam é a chuimilt?
Ciara: Tá, cinnte.
Muiris: (ag cuimilt an mhadra) Ó, tá tú go hálainn. Ba mhaith liom tú a thógáil abhaile. Slán, a Chiara.
Ciara: Slán, a Mhuiris.

Foclóir: Codlaíonn sé = he sleeps; Ní chuireann sé isteach ar… = he doesn't interfere with…; strainséir = stranger.

1

Ná déan dearmad

INNÉ

(a)
1. Ar dhún sé?   Dhún sé   Níor dhún sé
2. Ar fhág sí?   D'fhág sí   Níor fhág sí
3. Ar ól sí?   D'ól sí   Níor ól sí
4. Ar bhris tú?   Bhris mé   Níor bhris mé
5. Ar chuir tú?   Chuir mé   Níor chuir mé
6. Ar cheannaigh sé? Cheannaigh sé   Níor cheannaigh sé
7. Ar thriomaigh sí? Thriomaigh sí   Níor thriomaigh sí

(b) Abair nó scríobh i do chóipleabhar.
1. Ar dhún tú do mhála aréir?
2. Ar ól tú líomanáid inné?
3. Ar fhág tú do bhioróir sa bhaile?
4. Ar cheannaigh tú milseáin ar maidin?
5. Ar thriomaigh tú do chupán ar maidin?

2 (a) Aimsir Chaite – inné – h

Dún	Cuir	Ceannaigh
Dhún mé	Chuir mé	Cheannaigh mé
Dhún tú	Chuir tú	Cheannaigh tú
Dhún sé/sí	Chuir sé/sí	Cheannaigh sé/sí
Dhúnamar	Chuireamar	Cheannaíomar
Dhún sibh	Chuir sibh	Cheannaigh sibh
Dhún siad	Chuir siad	Cheannaigh siad

(b) Líon na bearnaí:
1. (Glan) _____ Seán an bord inné.
2. Níor (bris) _____ Síle an fhuinneog.
3. (Ól) _____ Mamaí cupán tae aréir.
4. (Gearr) _____ Colm an t-arán maidin inné.
5. (Fág) _____ Eoin a lón sa bhaile inné.
6. (Ceannaigh) _____ Daidí hata nua tráthnóna inné.
7. (Maraigh) _____ Bran coinín Dé Luain seo caite.

3. Ciorclaigh na focail.

seampú
geata
triomadóir
siosúr
cúldoras
staighre
gruagaire
dinnéar
conchró
rothar
vardrús

c	g	h	o	m	s	t	a	i	g	h	r	e	s
g	s	i	é	i	d	r	n	d	r	e	h	g	e
s	i	u	m	t	f	i	m	ó	u	r	t	á	a
f	o	l	t	f	h	o	i	c	a	d	h	u	m
l	s	m	p	s	e	m	f	r	g	m	s	d	p
u	ú	c	d	n	o	a	b	f	a	t	ó	b	ú
g	r	b	e	m	r	d	v	l	i	r	h	o	g
c	o	n	c	h	r	ó	b	g	r	d	v	t	e
r	p	b	n	d	c	i	v	o	e	r	a	u	a
ú	d	s	t	p	d	r	o	t	h	a	r	s	t
f	r	m	b	á	u	d	t	ó	b	s	d	o	a
m	é	d	m	f	d	i	n	n	é	a	r	s	g
t	n	a	f	o	r	m	d	f	b	é	ú	r	m
á	c	ú	l	d	o	r	a	s	d	á	s	f	h

4. Ainmnigh ceithre dhifríocht idir na pictiúir.

1. I bpictiúr A tá an doras tosaigh ar oscailt.
   I bpictiúr B _____.

5. Bris an cód agus scríobh an freagra.

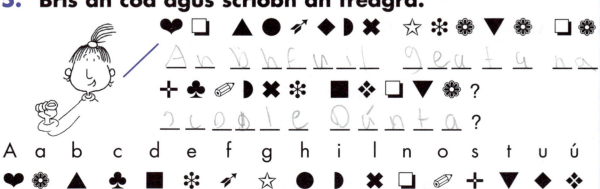

An bhfuil geata na
scoile dúnta?

CEACHT 6

Comhrá beirte/Comhrá baile

Cuir ceist ar do chara.

A

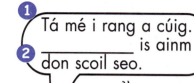

① Cén rang ina bhfuil tú?
② Cad is ainm don scoil seo?

① Tá mé i rang a cúig.
② _____ is ainm don scoil seo.

③ Tá _____ ina ____ in aice liom.
④ Tá _____ ina ____ os mo chomhair.

③ Cé atá ina shuí/suí in aice leat?
④ Cé atá ina shuí/suí os do chomhair?

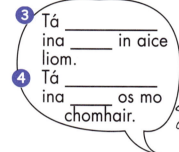

⑤ Déanaim Gaeilge, Béarla, Matamaitic, Ceol, Stair, Tíreolaíocht, Corpoideachas, Ceird, Ealaín agus Reiligiún.
⑥ Is fearr liom Béarla/Gaeilge.

⑤ Ainmnigh na hábhair a dhéanann tú ar scoil.
⑥ Cé acu is fearr leat Gaeilge nó Béarla?

① An bhfuil tú i rang a sé?
② Cá bhfuil do mhála scoile?
③ Inis dom faoi do sheomra ranga.

27 fiche a seacht

Comhrá: Cad tá ina láimh ag Ciara?
Cad tá ar a droim aici?
An bhfuil an geata/an doras dúnta?
Inis dom faoi phictiúr a dó.
Céard atá ar an mbord i bpictiúr a trí?
Cén ábhar atá ar siúl ag Seán?
An raibh rí-rá sa rang? srl.

1. Ciara agus a Peata Luchín

2 (a) Ciara agus a Peata Luchín

Thóg Ciara a peata luchín i mbosca beag ar scoil inné. D'oscail sí an bosca anois is arís is chuimil sí an luchín.

Bhí an rang ag obair go dian. Bhí beirt pháistí ag an ríomhaire. Bhí Tíreolaíocht á foghlaim ag grúpa eile. Bhí Síle sa ghrúpa seo. Bhí léarscáil á tarraingt aici. Chuaigh sí go dtí an bosca bruscair chun bior a chur ar a peann luaidhe. Bhuail a bróg mála Chiara agus d'oscail sí bosca an luchín. Chonaic Síle an luch agus bhéic sí 'luch!' Thosaigh gach duine ag béiceadh ansin. Bhí rí-rá sa rang.

Sa deireadh rug Ciara ar an luchín. Ghabh sí a leithscéal leis an múinteoir. Níor thóg Ciara an luchín ar scoil arís.

(b) Ceisteanna

1. Céard a thóg Ciara ar scoil?
2. Ar chuimil sí an luchín anois is arís?
3. Cé mhéad páiste a bhí ag an ríomhaire?
4. Céard a bhí á tarraingt ag Síle?
5. Conas a d'oscail Síle bosca an luchín?
6. Céard a rinne Síle nuair a chonaic sí an luchín?
7. Ar thóg Ciara a peata ar scoil arís?

Foclóir:

1. Chuimil sí

2. beirt pháistí

3. ríomhaire

4. Tíreolaíocht = Geography

5. á foghlaim = learning it

6. Bhí léarscáil á tarraingt aici = she was drawing a map

7. bior =

8. Bhéic sí = she shouted

9. ag béiceadh = shouting

10. Ghabh sí a leithscéal = she apologised

3 (a) Le foghlaim:

ag an ← **urú**

ag an **m**buachaill
ag an **n**geata
ag an **g**cailín
ag an **b**pianó

(b) Abair agus scríobh na freagraí.
1. Céard atá ag an mbuachaill?
2. Céard atá ag an ngeata?
3. Céard atá ag an gcailín?
4. Céard atá ag an bpianó?

(c) Le foghlaim:

agam (mé)
agat (tú)
aige (sé)
aici (sí)
againn (sinn)
agaibh (sibh)
acu (siad)

(d) Líon na bearnaí:
1. Tá carr nua ag Daidí. 1. Tá carr nua _____.
2. Tá leabhar ag Mamaí. 2. Tá leabhar _____.
3. Tá milseáin ag na cailíní. 3. Tá milseáin _____.
4. 'Céard atá (tú) _____ i do mhála?' arsa Seán liom.
5. Tá bioróir agam féin agus ag Áine. 5. Tá bioróirí _____.
6. 'An bhfuil a fhios (tú) _____ cá bhfuil Bran?' arsa Liam liom.
7. Bhí an dochtúir ag Daideo. Bhí an dochtúir _____.

4 (a) Le foghlaim:

1. aon pháiste amháin
2. bheirt pháistí
3. triúr páistí
4. ceathrar páistí
5. cúigear páistí
6. seisear páistí
7. seachtar páistí
8. ochtar páistí
9. naonúr páistí
10. deichniúr páistí

(b) Cuir iad seo a leanas in abairtí.

Sampla: Chuala mé seachtar buachaillí ag canadh.

1. (8) buachaillí
2. (6) cailíní
3. (5) feirmeoirí
4. (9) páistí
5. (7) múinteoirí
6. (4) dochtúirí
7. (3) siopadóirí
8. (2) paisinéirí

Cuideoidh na briathra seo leat:

Chuaigh	Ní dheachaigh	Chonaic	Ní fhaca	Shiúil
Rith	Cheannaigh	D'oscail	Bhí	

5 Tomhas

Cén fáth nár tharraing an sioráf an carr?

Mar ní raibh aon pheann luaidhe aige.

31 tríocha a haon

6 (a) Le foghlaim:

 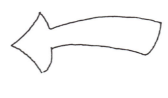 

Samplaí 1. Chuir Daidí bainne **sa ch**rúiscín.
           2. An ndeachaigh tú isteach **sa ph**áirc?

Cuir na frásaí seo a leanas in abairtí.

1. sa bhosca
2. sa pháipéar
3. sa charr
4. sa ghloine
5. sa bháisín
6. sa phictiúr
7. sa chistin
8. sa bhialann

Cuideoidh na briathra seo leat:

| Chonaic | Ní fhaca | Chuaigh | Ní dheachaigh |
| Chuir | Níor chuir | Bhí | Ní raibh |

 CD Rian 6

7. Éist agus freagair.

1. Cá raibh Rúfaí ina luí?
2. An raibh sé a naoi a chlog?
3. An raibh sé ag cur fearthainne?
4. Cad is ainm d'fhear an bhainne?
5. Ar oscail sé an geata?
6. Ar thosaigh Rúfaí ag tafann?
7. Cé mhéad buidéal bainne a bhí ag fear an bhainne?
8. Cár chuir sé na buidéil bhainne?

32   tríocha a dó

An Deireadh Seachtaine

Is maith liom an deireadh seachtaine
Mar bíonn sos agam ón scoil,
Fanaim im'shuí san oíche
Gan obair bhaile, le do thoil.

Féachaim ar an teilifís
Má éirímse go moch,
Ach b'fhearr liom go mór mo ríomhaire
Má bhíonn an aimsir fliuch.

Taitníonn an chispheil liom
Le mo chairde roimh am lóin,
Ach is fearr liom cluiche peile leo
Uair éigin san iarnóin.

Ní maith liom an leadóg
Mar ní cluiche foirne é,
B'fhearr liom bheith im'pheileadóir
Is beidh, le cúnamh Dé.

Éamon Ó Riordáin

CEACHT 7

Comhrá beirte/Comhrá baile

Cuir ceist ar do chara.

A   **B**

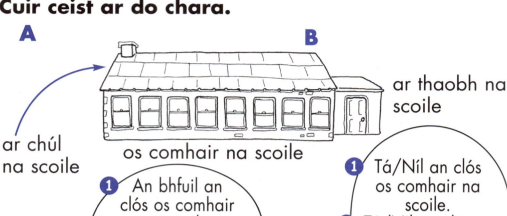

ar chúl na scoile

os comhair na scoile

ar thaobh na scoile

1. An bhfuil an clós os comhair na scoile?
2. An bhfuil an clós ar chúl na scoile?
3. An bhfuil an clós ar thaobh na scoile?
4. An bhfuil cúirt chispheile sa chlós?

1. Tá/Níl an clós os comhair na scoile.
2. Tá/Níl an clós ar chúl na scoile.
3. Tá/Níl an clós ar thaobh na scoile.
4. Tá/Níl cúirt chispheile sa chlós.

5. Níl, mar tá sé ag cur fearthainne.
6. Níl, mar tá sé dainséarach.
7. Mar níl go leor spáis ann.

5. An bhfuil cead againn dul amach sa chlós?
6. An bhfuil cead againn rith sa chlós?
7. Cén fáth?

1. An bhfuil cead agat rith sa chlós?
2. An maith leat bheith sa chlós?
3. Inis dom faoi do scoil.

34   tríocha a ceathair

Comhrá: Inis dom faoi phictiúr a haon.
Cá bhfuil na páistí ag dul i bpictiúr a dó?
Cé mhéad páiste atá ag siúl?/atá sa chlós i bpictiúr a trí?
Cad a tharla i bpictiúr a ceathair?
Inis dom faoi phictiúr a cúig.
An bhfuil na páistí sa rang? srl.

1 Timpiste sa Chlós

Dhún sí na polláirí lena méara.   Nigh sí a haghaidh ansin.

35   tríocha a cúig

2 (a) Timpiste sa Chlós

Bhí sé a cúig chun a haon déag. Bhí Matamaitic á déanamh ag na páistí. Ghlaoigh Seán na freagraí amach. Bhí na suimeanna go léir ceart ag Ciara.

Bhuail an clog ar a haon déag. Shiúil an rang amach sa chlós. Bhí Ciara ag caint le Ciarán. Ghlaoigh a cara Síle uirthi. Chas Ciara timpeall go tapa. Bhí cuaille cispheile taobh thiar di. Ní raibh a fhios sin ag Ciara. Bhuail sí a srón ina choinne. Thosaigh a srón ag cur fola. Thóg an múinteoir Ciara agus Síle isteach sa seomra ranga. Chrom Ciara a ceann. Dhún sí na polláirí lena méara. Tar éis tamaill stop an fhuil. Nigh sí a haghaidh ansin. Beidh sí níos cúramaí sa chlós as seo amach.

(b) Ceisteanna

1. Cé a ghlaoigh amach na freagraí?
2. Cathain a bhuail an clog?
3. Cé a ghlaoigh ar Chiara?
4. Cad a bhí taobh thiar de Chiara?
5. Ar thosaigh a béal ag cur fola?
6. Conas a stop Ciara an fhuil?
7. Ar nigh Ciarán a aghaidh?

Foclóir:

1. Ghlaoigh Seán = John called
2. Chas Ciara timpeall =
3. ina choinne = against it
4. ag cur fola = bleeding
5. Chrom Ciara = Ciara bent
6. polláirí = nostrils
7. méara = fingers
8. a haghaidh = her face
9. níos cúramaí = more careful

3

(a) Le foghlaim:

ar
ar an ← h urú

ar Sheán
ar Shíle
ar an mbuachaill
ar an ngeata
ar an gcailín
ar an bpianó

(b) Abair agus scríobh na freagraí

1. Cad tá ar Sheán?
2. Cad tá ar Shíle?
3. Cad tá ar an gcailín?
4. Cad tá ar an bpianó?
5. Cad tá ar an mbuachaill?
6. Cad tá ar an ngeata?

(c) Le foghlaim:

orm (mé)
ort (tú)
air (sé)
uirthi (sí)
orainn (sinn)
oraibh (sibh)
orthu (siad)

Tá bróga

(d) Líon na bearnaí:

1. Tá léine ar Phól. 1. Tá léine _____.
2. Tá gúna ar Mháire. 2. Tá gúna _____.
3. An bhfuil cóta (tú) _____?
4. Bhí fearg ar Íde. 4. Bhí fearg _____.
5. Ghlaoigh Mamaí ar Sheán. 5. Ghlaoigh Mamaí _____.
6. Bhí brón orm agus bhí brón ar Chiara. 6. Bhí brón _____.

4 (a) Le foghlaim:

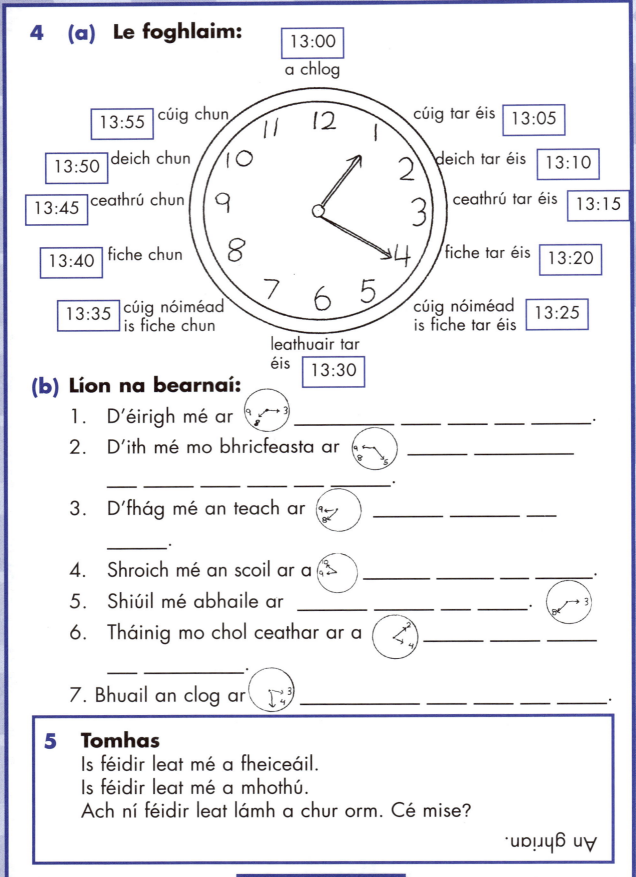

(b) Líon na bearnaí:

1. D'éirigh mé ar _____ _____ __ _____ _____.
2. D'ith mé mo bhricfeasta ar _____ _____
   __ _____ __ _____ _____.
3. D'fhág mé an teach ar _____ __
   _____.
4. Shroich mé an scoil ar a _____ __ _____ _____.
5. Shiúil mé abhaile ar _____ _____ _____.
6. Tháinig mo chol ceathar ar a _____ _____
   __ _____.
7. Bhuail an clog ar _____ _____ __ _____ _____.

5 Tomhas
Is féidir leat mé a fheiceáil.
Is féidir leat mé a mhothú.
Ach ní féidir leat lámh a chur orm. Cé mise?

An ghrian.

CEACHT 8

Bia

Comhrá beirte/Comhrá baile

Cuir ceist ar do chara.

A

1. An ndéanann tú obair sa chistin?
2. Cad a dhéanann tú sa chistin?

3. An níonn tú na cupáin?
4. An níonn tú na plátaí?
4. An níonn tú na sceana?

6. An dtriomaíonn tú na cupáin/na plátaí/na sceana?
7. An gcuireann tú na gréithe sa chófra?
8. An maith leat bheith ag obair sa chistin?

B

1. Déanaim obair sa chistin.
2. (a) Glanaim an t-urlár.
   (b) Glanaim an bord.

3. Ním na cupáin.
4. Ním na plátaí.
5. Ním na sceana.

6. Triomaím na cupáin/na plátaí/na sceana.
7. Cuirim na gréithe sa chófra.
8. Is maith liom bheith ag obair sa chistin.

1. An ndéanann tú obair sa seomra codlata?
2. Cad a dhéanann tú sa seomra codlata?

39   tríocha a naoi

Comhrá: Cad tá á dhéanamh ag Seán?
Cad tá i láimh Shíle/i láimh Sheáin?
Inis dom faoi phictiúr a dó.
Cá gcuireann Seán an pota fliuch?
Cá gcuireann Síle an pota tirim?
Cad a thugann Mamaí do na páistí? srl.

1 Ag Ní na nGréithe

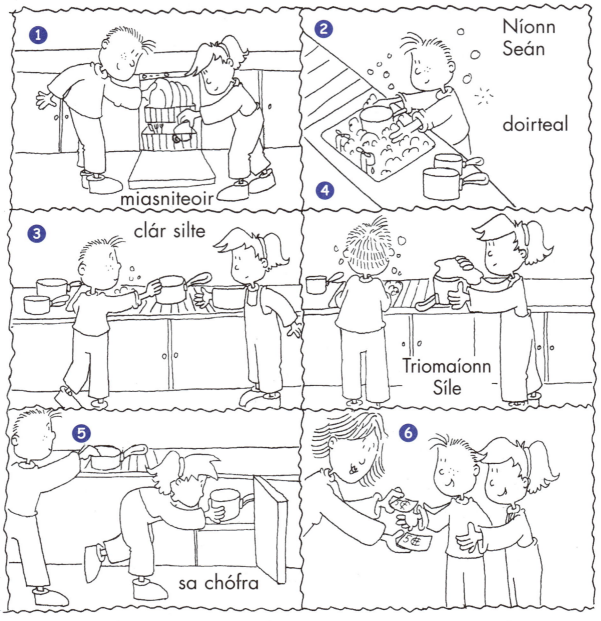

Cuireann Síle na potaí isteach sa chófra.

Tugann Mamaí airgead póca do na páistí.

2 (a) Ag Ní na nGréithe

Itheann an chlann an dinnéar gach tráthnóna ar a sé a chlog. Tar éis an dinnéir, cuireann Seán agus Síle na gréithe sa mhiasniteoir. Cuireann siad na foirc, na sceana agus na spúnóga isteach ann. Dúnann Síle an doras agus cuireann sí an miasniteoir ar siúl.

Níonn Seán na potaí ansin. Líonann sé an doirteal le huisce te. Níonn sé na potaí. Cuireann sé iad ar an gclár silte. Triomaíonn Síle iad. Ansin cuireann sí na potaí isteach sa chófra. Is maith léi bheith ag triomú ach is fuath léi bheith ag ní. Tugann Mamaí airgead póca dóibh gach Satharn.

(b) Ceisteanna
1. Cathain a itheann an chlann an dinnéar?
2. Cá gcuireann Seán agus Síle na gréithe?
3. Cé a chuireann an miasniteoir ar siúl?
4. An níonn Síle na potaí?
5. Conas a níonn Seán na potaí?
6. Cé a thriomaíonn na gréithe?
7. Cad a thugann Mamaí dóibh gach Satharn?

Foclóir:
1. an chlann = the family
2. sa mhiasniteoir =
3. foirc =
4. sceana =
5. spúnóga =
6. doirteal =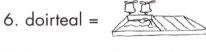
7. Níonn sé = he washes
8. clár silte =
9. Triomaíonn sí = she dries
10. Is fuath léi = she hates

3

(a) Le foghlaim:

leis an → **urú**

leis an mbuachaill
leis an gcailín
in aice **leis an n**geata
in aice **leis an b**pianó

(b) Abair agus scríobh na freagraí:

1. Céard a chonaic tú leis an mbuachaill?
2. An bhfaca tú Síle in aice leis an ngeata?
3. An bhfaca tú Seán in aice leis an bpianó?
4. Céard a chonaic tú leis an gcailín?

(c) Le foghlaim:

Thaitin an béile

liom (mé)
leat (tú)
leis (sé)
léi (sí)
linn (sinn)
libh (sibh)
leo (siad)

(d) Líon na bearnaí:

1. Thaitin an dinnéar le Daidí. 1. Thaitin an dinnéar _____.
2. Níor thaitin an cóc le Nóra. 2. Níor thaitin an cóc _____.
3. Is maith (mé) _____ gréithe a ní.
4. An fuath (tú) _____ gréithe a thriomú?
5. Ghabh Seán leithscéal (sí) _____.
6. Chuidigh Áine agus mé féin leis an múinteoir. Ansin ghabh sí buíochas (sinn) _____.
7. Is fuath (sé) _____ potaí a ní.

4 Éist CD Rian 8

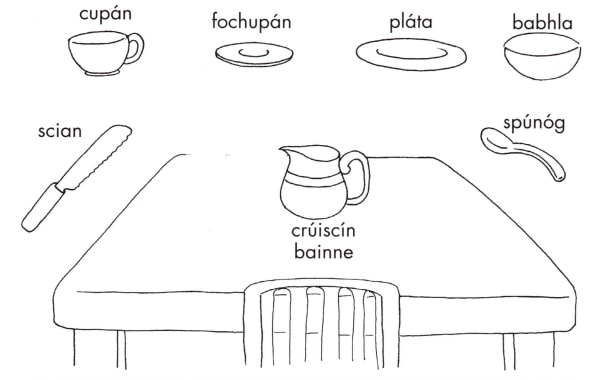

cupán fochupán pláta babhla

scian spúnóg

crúiscín bainne

5 Rabhlóg

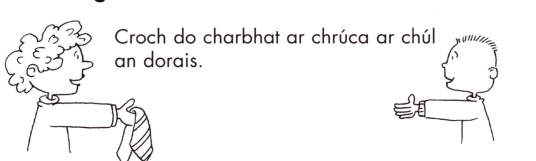

Croch do charbhat ar chrúca ar chúl an dorais.

6 Seanfhocal
Is fearr obair ná caint.

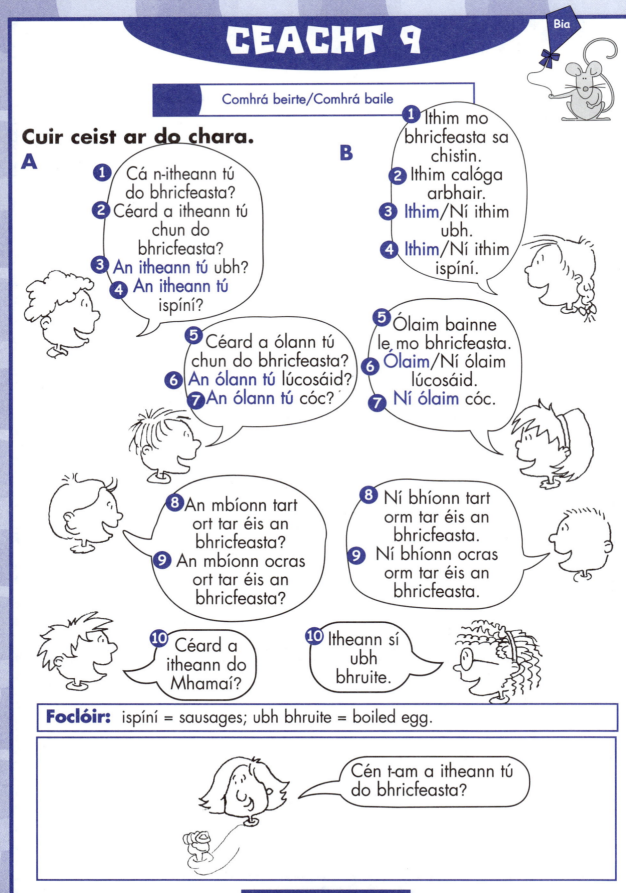

Comhrá: Cén saghas tí atá sa phictiúr?
Inis dom faoi phictiúr a dó.
Cad tá i mbéal smólaigh amháin?
Cad a sciob an smólach den talamh?
Conas a bhris an smólach teach an tseilide?
Cé mhéad gearrcach atá sa nead? srl.

1   An Smólach sa Ghairdín

2 (a) An Smólach sa Ghairdín

Tá mé i mo chónaí i dteach dhá stór. Tá gairdín deas ar chúl an tí. Tá fál deas ard ar thaobh amháin de. Tógann dhá smólach nead san fhál gach earrach. Déanann siad an nead de chipíní, de dhuilleoga agus de chaonach. Bíonn ceithre nó cúig ubh acu.

Anois is arís, feicim smólach ag lorg bia. Faigheann sé bia faoin bhfál agus sa ghairdín. Preabann sé ó áit go háit. Casann sé a cheann ar chlé is ar dheis. Ansin sciobann sé péist den talamh. Uaireanta faigheann sé seilide. Buaileann sé teach an tseilide ar chloch ar chúl an gharáiste. Ansin itheann sé an seilide. Imíonn na smólaigh nuair a bhíonn na gearrcaigh fásta. Is maith liom an spideog ach is fearr liom an smólach.

(b) Ceisteanna

1. Céard atá ar chúl an tí?
2. Cathain a thagann an dá smólach go dtí an gairdín?
3. Cén chaoi a ndéanann siad an nead?
4. An mó (cé mhéad) ubh a bhíonn sa nead?
5. Cá bhfaigheann an smólach bia?
6. Cén chaoi a mbriseann an smólach teach an tseilide?

Foclóir:

1. smólach = thrush
2. earrach = spring
3. cipíní = sticks
4. duilleoga =
5. caonach = moss

6. Preabann sé = he hops
7. Sciobann sé = he snatches
8. talamh = ground
9. gearrcaigh =

3 (a) Le foghlaim:

urú

 chuig an **m**buachaill

 chuig an **n**geata

 chuig an **g**cailín

chuig an **b**pianó

(b) Abair agus scríobh na freagraí.

1. An bhfaca tú madra ag rith chuig an mbuachaill? ✔
2. An bhfaca tú tarbh ag rith chuig an gcailín? ✘
3. An bhfaca tú cat ag rith chuig an ngeata? ✘
4. An bhfaca tú cailín ag siúl chuig an bpianó? ✔

(c) Le foghlaim:

chugam (mé)
chugat (tú)
chuige (sé)
chuici (sí)
chugainn (sinn)
chugaibh (sibh)
chucu (siad)

(d) Líon na bearnaí:

1. Shiúil an madra chuig Seán. Shiúil an madra (sé) _____.
2. Rith an cat chuig Síle. Rith an cat (sí) _____.
3. Ar scríobh d'aintín litir (tú) _____?
4. Scríobh m'uncail litir (mé) _____ Dé Luain seo caite.
5. Scríobhfaidh mé litir (siad) _____ amárach.
6. Ar rith an tarbh (sibh) _____ tráthnóna inné?
7. Ní fhaca mé fear grinn ag siúl (tú) _____ aréir.

4   Féach ar na pictiúir.

Níl na habairtí in ord. Cuir in ord iad agus scríobh an scéal.
Tarraing pictiúr uimhir a sé.

An Cat agus an Luch
Chonaic sé luch i lár an ghairdín.
Chas an cat ar dheis is ar chlé.
Rith an cat amach an doras.
Chonaic an luch é.
1. Bhí an cat ina shuí ar chathaoir sa seomra teaghlaigh.
Thosaigh sí ag rith.
Rug sé ar an luch agus mharaigh sé í.
Bhí sé ag féachaint amach an fhuinneog.
Chas sí ar dheis is ar chlé.
Bhí an cat níos mire.

5 Seanfhocal
Is geal leis an bhfiach dubh a ghearrcach féin.

Anois tarraing do phictiúr féin.

CEACHT 10
(Dul Siar)

 Nead an Cholúir CD Rian 9

Bhí Seán ina shuí ar an tolg sa seomra suí. Bhí sé ag féachaint ar an teilifís. Tháinig a dheirfiúr Síle isteach an doras.
  'Tar liom,' arsa Síle. 'Tá a fhios agam cá bhfuil nead éin.'
  'Cá bhfuil sí?' arsa Seán.
  'Tar liom agus taispeánfaidh mé duit í,' arsa Síle.
  Bhí crann ard taobh thiar den gharáiste.
  'Féach ar an gcrann sin,' arsa Síle. 'Chonaic mé colúr ag eitilt as ar maidin. Tá mé cinnte go bhfuil nead ann.'
  Fuair siad dréimire sa gharáiste. Chuir siad an dréimire leis an gcrann. Ansin dhreap Síle suas an dréimire. Rug Seán greim ar bhun an dréimire. D'fhéach Síle isteach i measc na ngéag.

Foclóir: Colúr = pigeon;   Taispeánfaidh mé duit = I will show you;
Dhreap sí = she climbed;   Rug sé greim = he held;
i measc na ngéag = among the branches

'Á, bhí an ceart agam,' ar sise. 'Tá nead ann agus tá sí déanta de chipíní. Níl aon duilleoga ná caonach inti.'

'Cé mhéad ubh atá inti?' arsa Seán.

'Tá dhá ubh bhána istigh inti,' arsa Síle.

Tháinig sí anuas an dréimire. Dhreap Seán suas an dréimire ansin. Níor rug Síle greim ar an dréimire agus thosaigh sé ag luascadh.

'Beir greim ar an dréimire, a rógaire,' arsa Seán.

Rug Síle greim ar an dréimire ansin. Chonaic Seán an nead. Bhí gliondar croí air nuair a chonaic sé an nead. Tháinig sé anuas an dréimire ansin.

Thóg an bheirt pháistí an dréimire isteach sa gharáiste. Chroch siad é ar thaobh an gharáiste. Bhí áthas orthu go bhfaca siad nead cholúir. Ach bhí siad chun an nuacht sin a choimeád chucu féin.

Foclóir: Dhreap Seán = John climbed;   ag luascadh = swaying;
Beir greim = Hold;   Chroch siad é = They hung it;
a choimeád = to keep

An Níochán CD Rian 10

Ciarán: A Chiara, cuidigh liom na gréithe a ní.
Ciara: Tá go maith, ach cá bhfuil an tuáille?
Ciarán: Nach bhfuil a fhios agat fós cá bhfuil sé. Féach, tá sé ar an ráille tuáillí ar thaobh an chófra. Triomaigh na potaí anois.
Ciara: Tá an pota seo an-trom.
Ciarán: Bhuel, ar mhaith leat na gréithe a ní mar sin?
Ciara: Níor mhaith liom. Is fuath liom an níochán.
Ciarán: Bí cúramach. Tá uisce ag titim ar an urlár. Coimeád an pota os cionn an chláir shilte.
Ciara: Gabh mo leithscéal. Beidh mé níos cúramaí anois.
Ciarán: Cloisim carr Mhamaí. Tá sí ag teacht isteach an geata.
Mamaí: Maith sibh, a pháistí. Tabharfaidh mé airgead póca daoibh ar an Satharn.
Ciarán agus Ciara: Go raibh maith agat, a Mhamaí.

Foclóir: Cuidigh liom = help me;   ráille tuáillí = towel rail;   níos cúramaí = more careful;   Tabharfaidh mé = I will give

1

> Ná déan dearmad

(a) **ag**

ag an – urú

agam	(mé)
agat	(tú)
aige	(sé)
aici	(sí)
againn	(sinn)
agaibh	(sibh)
acu	(siad)

ar – h

ar an – urú

orm
ort
air
uirthi
orainn
oraibh
orthu

(b) Líon na bearnaí:

1. Tá spúnóga ag Síle. Tá spúnóga _____.
2. Níl ocras ar na cailíní. Níl ocras _____.
3. Bhí tart ar an (cat)_____ maidin inné.
4. Tá cipíní ag Seán. Tá cipíní _____.
5. 'An bhfuil scriosán (sibh)_____ ?' arsa Mamaí linn.
6. Bhí gliondar croí (mé)_____ aréir.

(c) **le**

leis an – urú

liom	(mé)
leat	(tú)
leis	(sé)
léi	(sí)
linn	(sinn)
libh	(sibh)
leo	(siad)

chuig

chuig an – urú

chugam
chugat
chuige
chuici
chugainn
chugaibh
chucu

(d) Líon na bearnaí:

1. Chonaic mé Íde in aice leis an (bord) _____.
2. Ní maith (sé) _____ scéal a scríobh.
3. An fuath (tú) _____ scéal a scríobh?
4. Shiúil Ciarán chuig an (garáiste) _____.
5. Scríobh mé litir chuig Seán. Scríobh mé litir (sé) _____.
6. Rith Bran chuig na cailíní. Rith Bran _____.

52   caoga a dó

2 Aimsigh na botúin.

Tá botúin sa scéal. Cuir ✓ le gach abairt cheart agus ✗ le gach abairt mhícheart. Ansin scríobh an scéal gan aon bhotún.

1 Shiúil Seán isteach sa seomra suí [✗]. 2. Chonaic sé Síle ina suí ag an mbord [✓]. 3. Bhí scian ina láimh dheas agus bhí forc ina láimh chlé [✓]. 4. Bhí sí ag ithe ispíní [✗]. 5. Shiúil Seán go dtí an doirteal [✓]. 6. Bhí sé lán d'uisce [✓]. 7. Bhí dhá phota ar an gclár silte agus bhí crúiscín ar an gcuntar oibre [✗]. 8. Bhí an ghrian ag taitneamh [✓]. 9. Chonaic sé pictiúr i lár an bhalla [✓]. 10. Bhí triúr páistí sa phictiúr [✗]. 11. Bhí áthas ar Shíle nuair a chonaic sí Seán ag siúl isteach sa chistin .

3 Ciorclaigh na focail.

smólach
spúnóga
gearrcaigh
léarscáil
stair
cailíní
miasniteoir
caonach
polláirí
cuaille
dréimire

r	c	ú	b	t	h	f	c	l	s	f	r	m	é
g	u	m	s	d	s	p	ú	n	ó	g	a	ú	n
ó	a	i	é	m	f	o	g	h	l	ó	d	l	g
c	i	p	s	m	ó	l	a	c	h	g	p	é	s
p	l	n	h	i	s	l	r	l	p	e	n	a	b
h	l	d	t	é	d	á	u	s	t	a	i	r	i
r	e	r	b	t	n	i	s	c	f	r	n	s	f
l	s	é	u	b	g	r	o	g	h	r	r	c	m
c	a	i	l	í	n	í	m	é	t	c	m	á	c
n	é	m	c	o	f	d	p	s	f	a	g	i	r
d	m	i	a	s	n	i	t	e	o	i	r	l	d
r	b	r	m	e	s	f	t	h	d	g	m	i	t
b	l	e	t	c	a	o	n	a	c	h	ó	n	i

53   caoga a trí

CEACHT 11

Comhrá beirte/Comhrá baile

Cuir ceist ar do chara.

A **B**

1. An raibh tú ag féachaint ar an teilifís aréir?

1. Bhí mé ag féachaint ar an teilifís aréir.

2. An bhfaca tú cartún?
3. An bhfaca tú clár dúlra?
4. An bhfaca tú clár spóirt?

2. Chonaic/Ní fhaca mé cartún.
3. Chonaic/Ní fhaca mé clár dúlra.
4. Chonaic/Ní fhaca mé clár spóirt.

5. An bhfaca tú scannán aréir?
6. An raibh sé leadránach?
7. An raibh sé go huafásach?
8. An raibh sé go maith?
9. An raibh sé ar fheabhas?
10. Ar thaitin sé leat?

5. Chonaic mé scannán aréir.
6. Ní raibh sé leadránach.
7. Ní raibh sé go huafásach.
8. Bhí sé go maith.
9. Bhí sé ar fheabhas.
10. Thaitin sé liom.

Foclóir: leadránach = boring; uafásach = terrible; ar fheabhas = excellent

1. Cén clár teilifíse a chonaic tú aréir?
2. Ar thaitin sé leat?
3. Inis dom faoi.

Comhrá: Cén clár atá ar siúl i bpictiúr a haon?
Cén t-am é?
Cá bhfuil Seán ina shuí?
An raibh an clár dúlra leadránach/ar fheabhas?
Ainmnigh na cláir a chonaic Seán aréir.
An raibh cead aige féachaint ar an scannán?

1 Aréir

D'fhéach siad ar réamhaisnéis na haimsire.

Níor thaitin an scannán le Seán.

2 (a) Aréir

Chuir Seán an teilifís ar siúl ar a deich tar éis a seacht aréir. Bhí clár dúlra ar siúl. Bhí an clár seo ar fheabhas. Lean clár comhrá an clár seo. Cheap Seán go raibh sé leadránach. Tháinig Daidí isteach sa seomra nuair a thosaigh an gallúnra _____. Cheap sé go raibh sé ar fheabhas. Ansin d'fhéach siad ar an nuacht agus ar réamhaisnéis na haimsire.

Bhí scannán ar siúl ar leathuair tar éis a naoi. Scannán uafásach ba ea é. Níor thaitin an scannán le Seán. Chuir Daidí cainéal eile ar siúl. Bhí cluiche sacair ar an gcainéal seo agus thaitin sé go mór le Seán. Chuaigh sé go dtí an leaba tar éis an chluiche agus chodail sé go sámh.

(b) Ceisteanna

1. Cén t-am (Cathain) a chuir Seán an teilifís ar siúl?
2. Cén clár a bhí ar siúl ar a deich tar éis a seacht?
3. An raibh an clár dúlra leadránach?
4. Ar thaitin an clár comhrá le Seán?
5. Cén fáth nár thaitin an clár comhrá leis?
6. Céard a bhí ar siúl tar éis an ghallúnra?
7. Cathain (Cén t-am) a bhí an scannán ar siúl?
8. Cén fáth ar chuir Daidí cainéal eile ar siúl?

Foclóir:

1. aréir = last night
2. clár dúlra = nature programme
3. ar fheabhas = excellent
4. clár comhrá = talk show
5. leadránach = boring
6. gallúnra = soap
7. réamhaisnéis na haimsire = weather forecast
8. scannán = film
9. scannán uafásach = a horrible film

3 (a) Le foghlaim: Aimsir Fháistineach

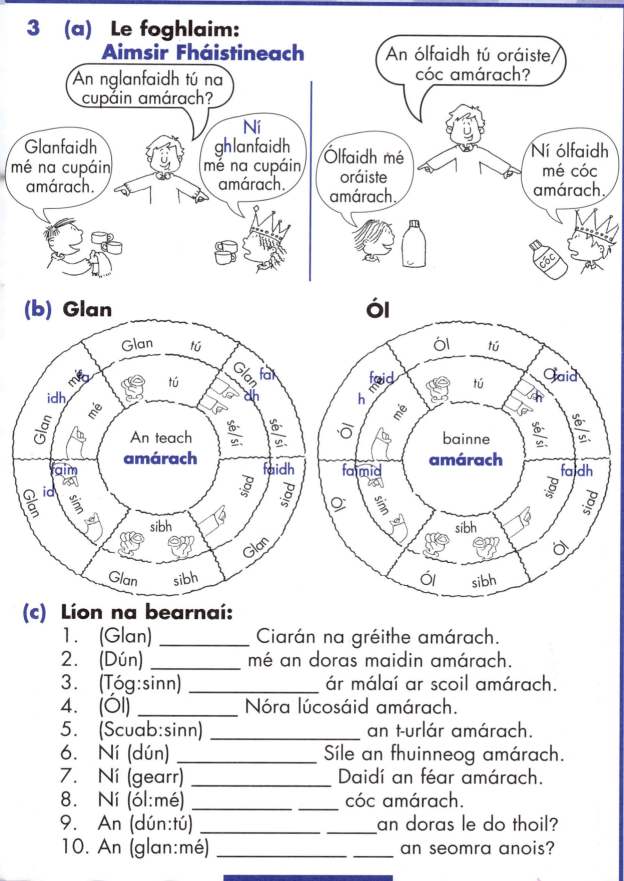

(b) **Glan** / **Ól**

(c) **Líon na bearnaí:**
1. (Glan) _____ Ciarán na gréithe amárach.
2. (Dún) _____ mé an doras maidin amárach.
3. (Tóg:sinn) _____ ár málaí ar scoil amárach.
4. (Ól) _____ Nóra lúcosáid amárach.
5. (Scuab:sinn) _____ an t-urlár amárach.
6. Ní (dún) _____ Síle an fhuinneog amárach.
7. Ní (gearr) _____ Daidí an féar amárach.
8. Ní (ól:mé) _____ ____ cóc amárach.
9. An (dún:tú) _____ ____ an doras le do thoil?
10. An (glan:mé) _____ ____ an seomra anois?

4 (a) Le foghlaim:

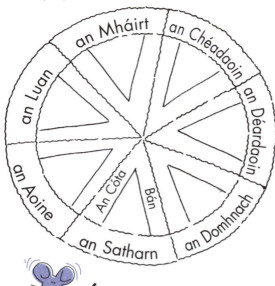

(b) Líon isteach na cláir theilifíse a chonaic tú an tseachtain seo caite agus abair an raibh siad (a) go huafásach (b) ar fheabhas (c) go maith (d) go holc (e) oiriúnach (f) maith go leor.

Sampla: Chonaic mé an scannán 'An Cóta Bán' ar an Satharn agus bhí sé go huafásach.

5 Éist CD Rian 11

Scríobh an focal 'fíor' nó 'bréagach' i ndiaidh na n-abairtí seo.

1. Bhí Seán ina shuí ar an tolg. _____
2. Bhí clár comhrá ar siúl ar an teilifís. _____
3. Thaispeáin an clár leoin agus tíogair. _____
4. Ní raibh na leoin ag búiríl. _____
5. Dhúisigh an bhúiríl Luas. _____
6. Thosaigh Luas ag tafann. _____
7. D'ardaigh Tomás an fhuaim. _____
8. Níor stad Luas den tafann. _____

6 Rabhlóg
Rith an tíogar láidir roimh an leon ramhar tríd an gcoill.

CEACHT 12

Ócáidí Speisialta

Comhrá beirte/Comhrá baile

Cuir ceist ar do chara.

A

1. Ar ghlan tú an bord inné?
2. Ar dhún tú an doras inné?

B

1. Ghlan mé an bord inné.
2. Dhún mé an doras inné.

3. An nglanfaidh tú an bord amárach?
4. An ndúnfaidh tú an doras amárach?

3. Glanfaidh mé an bord amárach.
4. Dúnfaidh mé an doras amárach.

5. Ar chuir tú bosca sa mhála inné?
6. Ar nigh tú an carr inné?

5. Níor chuir mé bosca sa mhála inné.
6. Níor nigh mé an carr inné.

7. An gcuirfidh tú bosca sa mhála amárach?
8. An nífidh tú an carr amárach?

7. Ní chuirfidh mé bosca sa mhála amárach.
8. Ní nífidh mé an carr amárach.

1. Ar nigh tú do lámha ar maidin?
2. An nífidh tú do lámha amárach?
3. Inis dom faoin obair a rinne tú sa chistin inné.

Comhrá: Cad tá ina láimh ag Seán?
Cad tá á dhéanamh aige?
Cá bhfuil an turcaí/an sáspan?
Inis dom faoi phictiúr a ceathair.
Cé mhéad forc atá le feiceáil?
Cad tá ar siúl ag Mamaí/ag an seanathair?

1 Lá Nollag

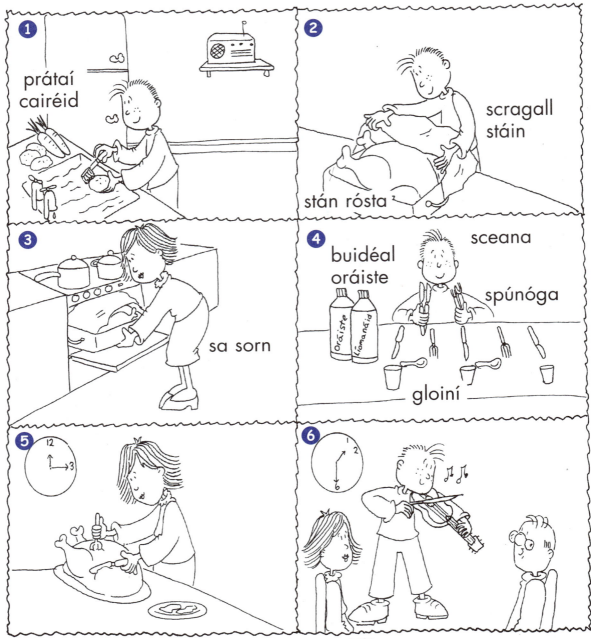

2 (a) Lá Nollag

Cuideoidh mé le Mamaí lá Nollag. Nífidh mé na prátaí agus na cairéid. Cuirfidh Mamaí an turcaí sa stán rósta. Clúdóidh mé é le scragall stáin. Ansin cuirfidh Mamaí an turcaí sa sorn.

Tiocfaidh mo sheanathair timpeall a dó dhéag a chlog. Íosfaidh sé an dinnéar linn. Leagfaidh mise an bord. Cuirfidh mé spúnóga, foirc, sceana agus gloiní air. Cuirfidh mé buidéal oráiste agus buidéal líomanáide air freisin. Gearrfaidh Mamaí an turcaí agus cuirfidh sí ar na plátaí é. Íosfaimid an dinnéar ansin. Tar éis an dinnéir, íosfaimid an mharóg Nollag.

Seinnfidh mé port ar an veidhlín. Ó, taitneoidh an Nollaig liom cinnte.

(b) Ceisteanna

1. Cad a nífidh tú lá Nollag?
2. Cad leis a gclúdóidh tú an turcaí?
3. An gcuirfidh Daidí an turcaí sa sorn?
4. Cathain (Cén t-am) a thiocfaidh do sheanathair?
5. Cé a leagfaidh an bord?
6. Cad a dhéanfaidh Mamaí leis an turcaí?
7. Cad a íosfaidh tú tar éis an dinnéir?

Foclóir:
1. Cuideoidh mé = I will help
2. stán rósta = roast tin
3. scragall stáin = tin foil
4. sorn = cooker
5. Leagfaidh mé an bord = I will set the table
6. Íosfaimid = we will eat
7. maróg Nollag = Christmas pudding
9. Seinnfidh mé = I will play
10. port = tune

3 (a) Le foghlaim:
Aimsir Fháistineach – Amárach

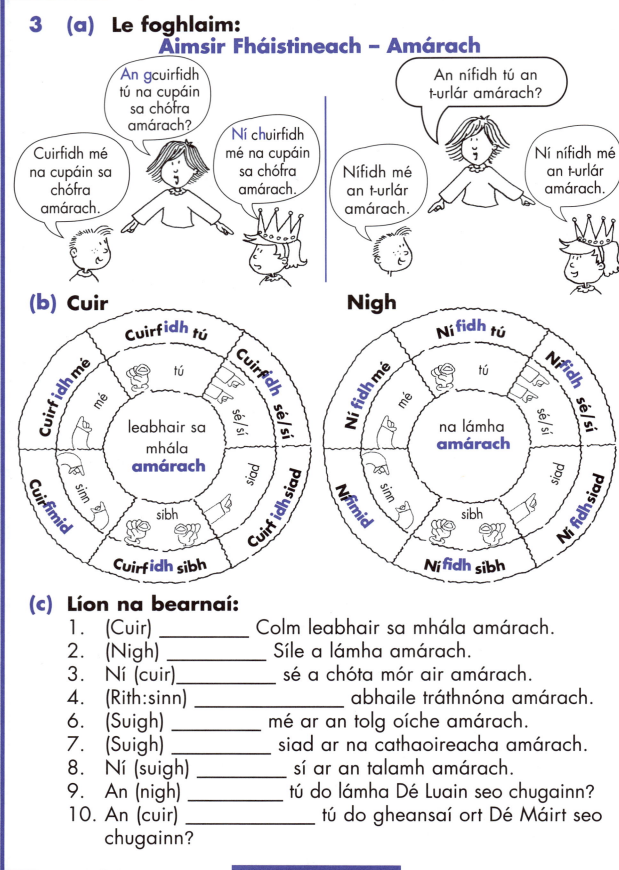

(b) Cuir — **Nigh**

(c) Líon na bearnaí:
1. (Cuir) _____ Colm leabhair sa mhála amárach.
2. (Nigh) _____ Síle a lámha amárach.
3. Ní (cuir)_____ sé a chóta mór air amárach.
4. (Rith:sinn) _____ abhaile tráthnóna amárach.
6. (Suigh) _____ mé ar an tolg oíche amárach.
7. (Suigh) _____ siad ar na cathaoireacha amárach.
8. Ní (suigh) _____ sí ar an talamh amárach.
9. An (nigh) _____ tú do lámha Dé Luain seo chugainn?
10. An (cuir) _____ tú do gheansaí ort Dé Máirt seo chugainn?

4 Scríobh an scéal agus tarraing pictiúr uimhir a sé.

Cuideoidh na briathra seo a leanas leat:

Ólfaidh	Bainfidh	Rachaidh	Siúlfaidh	Suífidh
Dúnfaidh	Scuabfaidh	Nífidh	Íosfaidh	Cuirfidh

Maidin Amárach

_____ Seán a chulaith chodlata de. _____ sé a chuid éadaigh air. _____ sé go dtí an seomra folctha. _____ sé an doras. _____ sé a aghaidh agus a lámha. _____ sé a chuid gruaige. _____ sé síos an staighre agus isteach sa chistin. _____ sé ar chathaoir. _____ sé bainne agus _____ sé calóga arbhair. _____ sé a chóta air agus _____ sé ar scoil.

5 Rabhlóg
   Is furasta scragall stáin a shracadh trasna.

CD Rian 12
Litir ón Afraic

D'ith tú agus d'ól tú
Is bhí tú lán;
Níor tháinig an fhearthainn
Is níor fhás an síol.
Mothaím pian.

Chuala tú mo ghuth
Bhraith tú mo phian;
Scríobh tú mo scéal,
Labhair tú os ard.
Tá Dia ann fós.

Bhailigh tú an t-airgead
Is cheannaigh sé an plúr;
Sheol an long
Is tháinig an leoraí.
Mhaolaigh mo phian.

CEACHT 13

Comhrá beirte/Comhrá baile

Cuir ceist ar do chara.

A

1. Ar cheannaigh tú carr inné?
2. An gceannóidh tú carr amárach?

B

1. Níor cheannaigh mé carr inné.
2. Ní cheannóidh mé carr amárach.

3. Cathain a d'éirigh tú inné?
4. Cathain a éireoidh tú amárach?

3. D'éirigh mé ar a hocht inné.
4. Éireoidh mé ar a hocht amárach.

5. Ar bhailigh tú na leabhair inné?
6. An mbaileoidh tú na leabhair amárach?

5. Bhailigh mé na leabhair inné.
6. Baileoidh mé na leabhair amárach

7. Ar chuidigh tú le Mamaí inné?
8. An gcuideoidh tú le Mamaí amárach?

7. Chuidigh mé le Mamaí inné.
8. Cuideoidh mé le Mamaí amárach

---

1. Cathain a d'éirigh tú inné?
2. Cathain a éireoidh tú amárach?
3. Cad a dhéanfaidh tú maidin amárach?

Comhrá: Cad tá ina láimh ag Mamaí?
Cad a rinne Síle nuair a fuair sí an t-airgead?
Cá ndeachaigh sí féin agus Ciara?
Cad a chuir Síle ar a ceann?
An maith léi cluichí troda?
Cén saghas cluiche a roghnaigh Síle? srl.

1 Cuairt ar an Siopa Físeán

2 (a) Cuairt ar an siopa físeán

Bhí breithlá Shíle ann inné. Bhí sí dhá bhliain déag d'aois. Thug Mamaí seasca euro di. Ghabh Síle buíochas léi agus rug sí barróg uirthi. Tháinig a cara, Ciara, go dtí an teach. Shiúil an bheirt acu go barr na sráide. Bhí siopa físeán ansin. Chuaigh siad isteach ann.

D'fhéach siad ar na cluichí ríomhaire. Chonaic siad cluichí spóirt, cluichí aicsin agus cluichí troda. Chuir siad cluasáin orthu féin. Thriail siad cúpla ceann. Níor thaitin na cluichí troda ná na cluichí aicsin le Síle. Roghnaigh sí cluiche spóirt.

D'fhill an bheirt chailíní ar theach Shíle. Chaith siad an tráthnóna ag imirt an chluiche. D'imigh Ciara abhaile tar éis an tae. Thaitin a breithlá go mór le Síle.

(b) Ceisteanna

1. Cad a thug Mamaí do Shíle?
2. Cén fáth ar thug sí airgead di?
3. Cé a tháinig go dtí an teach?
4. Cá ndeachaigh an bheirt chailíní? (Cár chuaigh)
5. Cad a chonaic siad sa siopa físeán?
6. An maith le Síle cluichí troda?
7. Ar roghnaigh sí cluiche aicsin?

Foclóir:
rug sí barróg uirthi = she hugged her
siopa físeán = video shop
cluichí aicsin = action games
cluichí troda = fighting games
cluasáin = headphones
Thriail siad = they tried
Roghnaigh sí = she chose

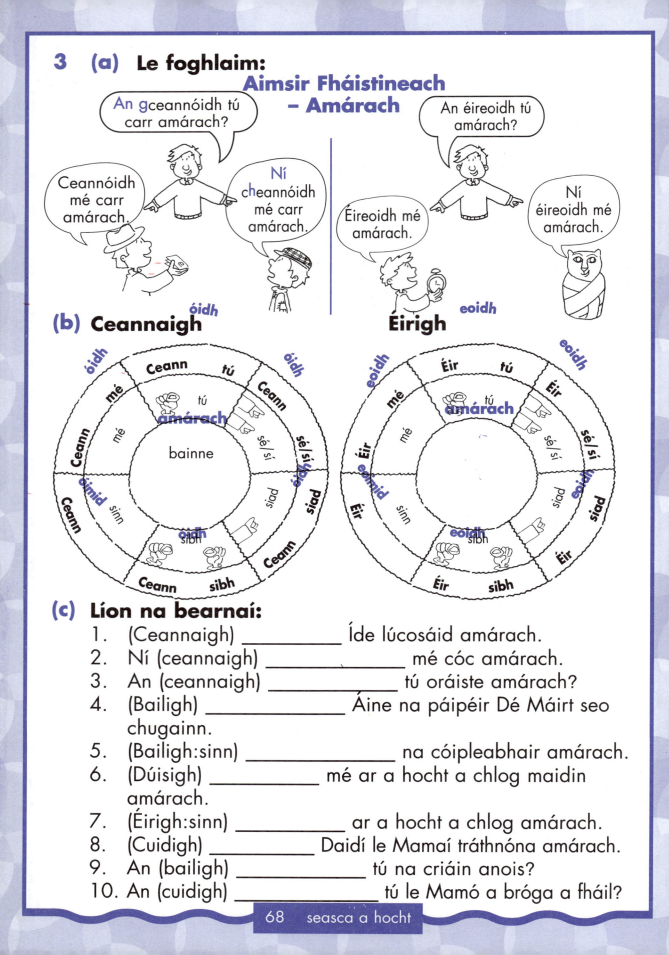

4 Éist agus freagair na ceisteanna. CD Rian 13

1. Cé a bhí ag siúl ar an tsráid?
2. Ar bhuail sé le Tomás?
3. Cá raibh Seán ag dul?
4. An ndeachaigh Ciarán leis?
5. Cá raibh na físeáin?
6. Ar thóg siad físeán uafáis nó físeán aicsin?
7. Cad é an t-ainm a bhí ar an bhfíseán?
8. Ar thaitin an físeán leo?

5 Le foghlaim:

Cad a rinne tú tar éis an tae?

Rinne mé mo cheachtanna tar éis an tae.

Frásaí le foghlaim agus le cur in abairtí:
1. tar éis an dinnéir
2. tar éis an chluiche
3. tar éis an bhricfeasta
4. tar éis tamaill
5. tar éis an tae
6. tar éis an rása
7. tar éis an níocháin
8. tar éis na scoile

Cuideoidh na briathra seo a leanas leat:

| Chuaigh | Ní dheachaigh | Chonaic | Ní fhaca | Thosaigh |
| Thriomaigh | Nífidh | Cuideoidh | Chuala | Cheannaigh |

6 Seanfhocal
Molann an obair an duine.

Anois tarraing do phictiúr féin.

CEACHT 14

Comhrá beirte/Comhrá baile

Cuir ceist ar do chara.

A
1. An dtabharfaidh tú crián dom?
2. An dtabharfaidh tú rialóir dom?
3. An dtabharfaidh tú scriosán dom?
4. An dtabharfaidh tú glaethéip dom?

B
1. Tabharfaidh mé crián duit.
2. Tabharfaidh mé rialóir duit.
3. Tabharfaidh mé scriosán duit.
4. Ní thabharfaidh mé mar níl sé agam.

5. An nglanfaidh tú an clár dubh?
6. An nglanfaidh tú an clár bán?

5. Glanfaidh mé an clár dubh.
6. Glanfaidh mé an clár bán.

7. An osclóidh tú an doras?
8. An osclóidh tú an fhuinneog?

7. Osclóidh mé an doras.
8. Osclóidh mé an fhuinneog.

9. An rachaidh tú go dtí an oifig?

9. Rachaidh mé go dtí an oifig.

1. An dtabharfaidh tú peann dom?
2. An scuabfaidh tú an t-urlár?
3. Inis dom cad a dhéanfaidh tú nuair a rachaidh tú abhaile.

70 seachtó

Comhrá: Cad tá ag teastáil ó Mhamaí?
Cá bhfuil Mamaí agus Ciara?
An bhfuil siad sa seomra teaghlaigh?
Cár bhuail Ciara le Síle?
An ndeachaigh siad isteach i siopa éadaigh/siopa glasraí/i mbanc?
An ndeachaigh Síle abhaile le Ciara?

1 Ciara ag Siopadóireacht

D'fhéach Ciara ar a huaireadóir.

Bhí Mamaí ar an bhfón nuair a tháinig sí isteach.

2 (a) Ciara ag Siopadóireacht

Bhí uachtar reoite ó Mhamaí. Thug sí trí euro do Chiara chun é a fháil.

Shiúil Ciara síos an bóthar. Bhuail sí lena cara Síle ag an gcrosaire. Chuaigh siad isteach i siopa. Fuair Ciara an t-uachtar reoite agus cheannaigh sí greannán, freisin. Bhí siopa ceoil in aice an tsiopa. Chuaigh Ciara agus Síle isteach ann. Chuir siad cluasáin orthu agus d'éist siad le dlúthdhiosca. Bhí cuid de na poirt leadránach ach bhí cuid díobh ar fheabhas. D'fhéach Ciara ar a huaireadóir.

'Ó,' ar sise, 'Rinne mé dearmad. Tá mé déanach. Maróidh Mam mé. Slán, a Shíle.'

Rith sí abhaile. Bhí Mamaí ar an bhfón nuair a tháinig sí isteach. Bhí an t-ádh léi an uair sin.

(b) Ceisteanna

1. Cad a bhí ag teastáil ó Mhamaí?
2. Cé mhéad airgid a thug sí do Chiara?
3. Cén t-ainm atá ar a cara?
4. Ar cheannaigh Síle greannán sa siopa?
5. Cad a chuir Síle uirthi féin sa siopa ceoil?
6. An raibh cuid de na poirt go maith?
7. Ar fhéach Síle ar a huaireadóir?

Foclóir:
greannán = comic
siopa ceoil = music shop
cluasáin = earphones
dlúthdhiosca = cd
poirt = tunes
leadránach = boring
ar fheabhas = excellent
a huaireadóir = her watch
Bhí an t-ádh léi = She was lucky

3 (a) Le foghlaim:

do Sheán

don m**h**úinteoir

do Shíle

don b**h**analtra

(b) Abair agus scríobh na freagraí
1. Ar thug tú uachtar reoite do Shíle?
2. Ar thug tú carr do Sheán?
3. Ar thug tú leabhar don bhanaltra?
4. Ar thug tú milseáin don mhúinteoir?

(c) Le foghlaim:

dom (mé)
duit (tú)
dó (sé)
di (sí)
dúinn (sinn)
daoibh (sibh)
dóibh (siad)

(d) Líon na bearnaí:
1. Thug mé liathróid do Sheán. Thug mé liathróid _____.
2. Thug mé euro do Mhamaí. Thug mé euro _____.
3. Ar thug sí lúcosáid (tú) _____?
4. Thug mé airgead (siad) _____.
5. Níor thug sé cóc (sinn) _____.
6. Ar thug sé dlúthdhioscaí (sibh) _____?
7. Níor thug mé cluiche aicsin (sí) _____.
8. Ar thug Mamó greannán (tú) _____ inné, a Chiara?

73 seachtó a trí

4 Scríobh an scéal.
Rinne Seán dearmad

| páipéar | arán | Thosaigh | seomra codlata | Thug | an siopa | isteach |
| Shiúil | ag léamh leabhair | dearmad | abhaile | áthas | Bhuail |

Bhí Seán sa _seomra codlata_. Bhí sé _ag léamh_ leabhar. Bhí _páipéar_ agus _arán_ ó Dhaidí. _Thug_ sé dhá euro do Sheán. _Shiúil_ Seán go dtí _an siopa_. _Bhuail_ sé lena chara Ciarán. _Thosaigh_ siad ag caint. Ansin chuaigh Seán _isteach_ sa siopa. Cheannaigh sé an _páipéar_. Rinne sé _dearmad_ ar an _arán_. Chuir sé an páipéar i _mala_. Shiúil sé _abhaile_ ansin. Ní raibh _áthas_ ar Dhaidí. Ní dhéanfaidh Seán _dearmad_ arís.

5 Seanfhocal
Is fearr leathbhuilín ná bheith gan arán.

74 seachtó a ceathair

CEACHT 15
(Dul Siar)

Ciara agus an tUachtar Reoite CD Rian 14

Bhí Ciara sa seomra teaghlaigh. Bhí sí ag léamh leabhair. Tháinig Mamaí isteach sa seomra.

'A Chiara,' arsa Mamaí, 'an nglanfaidh tú an garáiste dom?'

'Glanfaidh mé agus fáilte,' arsa Ciara.

Chuaigh Ciara isteach sa gharáiste. Bhí a lán duilleog ar an urlár. Bhí dréimire ar an urlár freisin. Chroch Ciara an dréimire ar an mballa. Scuab sí an t-urlár. Chuir sí na duilleoga ag bun an ghairdín. Bhí Mamaí an-sásta léi.

'Seo dhuit ceithre euro,' arsa Mamaí. 'An rachaidh tú go dtí an siopa dom?'

'Rachaidh mé,' arsa Ciara, 'agus cad a cheannóidh mé duit?'

'Ceannaigh uachtar reoite agus paca brioscaí,' arsa Mamaí. 'Is féidir leat milseáin a fháil duit féin.'

'Go raibh maith agat,' arsa Ciara agus d'imigh sí léi.

Foclóir: Chroch sí = she hung; An rachaidh tú? = Will you go?

D'imigh sí síos an tsráid go dtí an siopa. Cheannaigh sí an t-uachtar reoite, paca brioscaí agus milseáin. Nuair a tháinig sí amach as an siopa chonaic sí teilifiseán ar siúl i siopa teilifíse. Bhí cluiche sacair ar siúl air. Thosaigh Ciara ag féachaint air. Bhí an ghrian ag taitneamh go láidir. Rinne sí dearmad glan ar an uachtar reoite. Tar éis leathuair a chloig chuaigh sí abhaile.

'Tá tú déanach,' arsa Mamaí agus thóg sí an mála ó Chiara.

D'fhéach sí isteach sa mhála.

'Ó,' ar sise. 'Tá an t-uachtar reoite leáite. Beidh ort dul go dtí an siopa arís.'

'Gabh mo leithscéal, a Mhamaí,' arsa Ciara. 'Tá deich euro agam féin. Rachaidh mé go dtí an siopa arís agus fillfidh mé abhaile go mear.'

'Tá go maith,' arsa Mamaí, 'ach bí cúramach ar an mbóthar.'

Foclóir: ag féachaint = looking; déanach = late; leáite = melted; fillfidh mé = I will return

 An Clár Teilifíse CD Rian 15

Síle: A Sheáin, an bhfuil a fhios agat cá bhfuil an cianrialtán?
Seán: Níl a fhios agam, a Shíle.
Síle: Ó tá sé agam; bhí sé ar an leabhragán. Tá clár dúlra ar siúl anois agus ba mhaith liom féachaint air.
Seán: Ach tá cartún ar chainéal a trí agus ba mhaith liom féachaint air.
Síle: Bhuel, fuair mise an cianrialtán agus tá mé chun féachaint ar an gclár dúlra anois.
Seán: Níl sé sin cothrom.
Mamaí: Cén fáth a bhfuil sibh ag argóint?
Seán: Ba mhaith liomsa féachaint ar chartún ach tá Síle ag féachaint ar chlár dúlra.
Síle: Ach fuair mise an cianrialtán ar dtús.
Mamaí: Bhuel, a Sheáin, tá mise ag dul amach anois. Is féidir leat féachaint ar an teilifíseán sa chistin. An bhfuil sibh sásta anois, a pháistí?
Síle agus Seán: Táimid, a Mhamaí. Go raibh maith agat.

Foclóir: leabhragán = bookcase; cianrialtán = remote control;
Níl sé sin cothrom = That is not fair; ag argóint = arguing

1

"Ná déan dearmad"

AMÁRACH

(a)
1. An nglanfaidh tú?   Glanfaidh mé.   Ní ghlanfaidh mé.
2. An ólfaidh tú?   Ólfaidh mé.   Ní ólfaidh mé.
3. An gcuirfidh sé?   Cuirfidh sé.   Ní chuirfidh sé.
4. An nífidh sé?   Nífidh sé.   Ní nífidh sé.
5. An suífidh sé?   Suífidh sé.   Ní shuífidh sé.
6. An gceannóidh sí?   Ceannóidh sí.   Ní cheannóidh sí.
7. An éireoidh sí?   Éireoidh sí.   Ní éireoidh sí.

(b) Abair nó scríobh i do chóipleabhar:

1. An nífidh tú do chluasa amárach?
2. An suífidh tú ar an tolg anocht?
3. An gcuirfidh tú lúcosáid i do mhála amárach?
4. An gceannóidh tú dlúthdhiosca amárach?
5. An ndúnfaidh tú an doras amárach?

2 (a) Aimsir Fháistineach – amárach

Glan	Rith	Ceannaigh	Cuidigh
Glanfaidh mé	Rithfidh mé	Ceannóidh mé	Cuideoidh mé
Glanfaidh tú	Rithfidh tú	Ceannóidh tú	Cuideoidh tú
Glanfaidh sé/sí	Rithfidh sé/sí	Ceannóidh sé/sí	Cuideoidh sé/sí
Glanfaimid	Rithfimid	Ceannóimid	Cuideoimid
Glanfaidh sibh	Rithfidh sibh	Ceannóidh sibh	Cuideoidh sibh
Glanfaidh siad	Rithfidh siad	Ceannóidh siad	Cuideoidh siad

(b) Líon na bearnaí:
1. (Nigh)_____ Síle na spúnóga amárach.
2. (Ceannaigh:sinn)_____ uachtar reoite amárach.
3. (Cuidigh)_____ Daidí le Liam anocht.
4. Ní (cuir)_____ Seán arán ar an urlár anocht.
5. (Rith)_____ mé go dtí an pháirc tráthnóna amárach.
6. (Gearr)_____ Mamaí an t-arán le scian anocht.
7. Ní (ól:sinn) _____ cóc ar scoil amárach.
8. Ní (ceannaigh)_____ mé dréimire amárach.

3 Crosfhocal

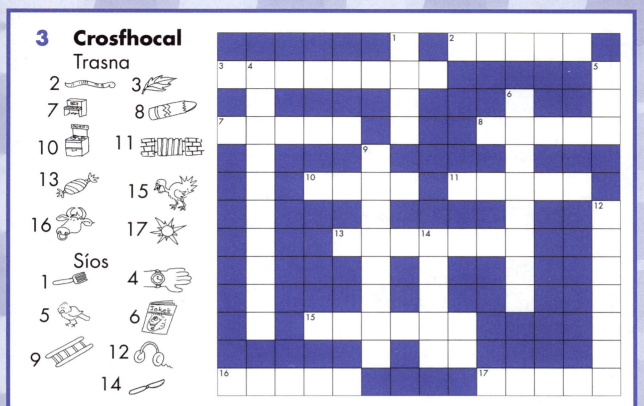

Cuideoidh na focail seo leat:

| dréimire | geata | cluasán | sorn | crián | forc | péist | greannán | duilleog |
| scian | grian | pianó | éan | tarbh | uaireadóir | milseán | turcaí |

4 Tomhas

Chuaigh Daidí suas an bóthar agus tháinig sé anuas an bóthar agus chuir sé an bóthar sa gharáiste. Cad é?

dréimire

5 Bris an cód agus scríobh an freagra.

Teilifís

Aeróg ar an simléar,
Pictiúir thuas sa spéir,
Tagann siad le chéile,
Mór an t-iontas é.

Pictiúir de dhaoine
Ag gáire is ag caoineadh
Scéalta ó na tíortha,
Cogadh agus rince.

Teacht is imeacht eitleán
Iad go léir le feiceáil,
Sorcais agus amhráin,
Leanaí agus bréagáin.

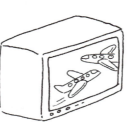

Pictiúir ar an teilifís,
Bíonn siad thuas sa spéir,
Tagann siad anuas arís,
Is feicim iad go léir.

CEACHT 16

Comhrá beirte/Comhrá baile

Cuir ceist ar do chara.

A   **B**

① Ainmnigh na séasúir.

① An t-earrach
An samhradh
An fómhar
An geimhreadh

② Ainmnigh míonna na bliana.

② Eanáir, Feabhra, Márta, Aibreán, Bealtaine, Meitheamh, Iúil, Lúnasa, Meán Fómhair, Deireadh Fómhair, Samhain, Nollaig.

③ Ainmnigh míonna an fhómhair.

③ Lúnasa, Meán Fómhair, Deireadh Fómhair.

④ Inis dom faoin bhfómhar.

④ (a) Bíonn an aimsir gaofar agus ceathach.
(b) Titeann na duilleoga de na crainn.

Foclóir: gaofar = windy; ceathach = showery

① Cén séasúr atá ann anois?
② Ainmnigh míonna an tséasúir seo.
③ Inis dom faoin aimsir atá ann anois.

81   ochtó a haon

Comhrá: An raibh na bleibeanna istigh sa siopa?/os comhair an tsiopa?/ istigh i mboscaí?/istigh i málaí?
Cá bhfuil an caonach móna?
Céard atá sa bharra rotha ag athair Sheáin?
An bhfuil ráca/sluasaid/lámhainní sa bharra rotha?
Inis dom faoi phictiúr a sé. srl.

1 An Bhláthcheapach

Tagann spideog agus itheann sí na péisteanna.

Bíonn bród an domhain ar Sheán nuair a fheiceann sé na tiúilipí ag fás.

2 (a) An Bhláthcheapach

Cuireann athair Sheáin bleibeanna tiúilipí san fhómhar. Cuidíonn Seán leis.

Faigheann Daidí an píce agus an barra rotha. Faigheann Seán lámhainní agus sluasaid bheag. Tosaíonn Daidí ag romhar. Cuireann Seán na lámhainní ar a lámha. Piocann sé na fiailí. Cuireann sé isteach sa bharra rotha iad. Déanann Daidí poill sa chré. Cuireann Seán caonach móna sna poill. Leagann sé na bleibeanna tiúilipí anuas air. Cuireann sé an chré anuas ar na bleibeanna ansin. Tagann spideog agus itheann sí na péisteanna. Preabann sí ó áit go háit agus ansin suas ar ghéag.

Bíonn bród an domhain ar Sheán nuair a fheiceann sé na tiúilipí ag fás san earrach.

(b) Ceisteanna

1. Cathain a chuireann athair Sheáin na bleibeanna tiúilipí?
2. Cé a chuidíonn leis?
3. Cá gcuireann Seán na fiailí?
4. Céard é an chéad rud a chuireann Seán sna poill?
5. Céard a fheiceann Seán ar ghéag?
6. Cad a itheann an spideog?
7. Cathain a fheiceann Seán na tiúilipí ag fás?

Foclóir:

bláthcheapach = flower-bed

bleibeanna

barra rotha

lámhainní = gloves

sluasaid bheag

fiailí = weeds

cré = earth

caonach móna = peat moss

spideog

3 (a) Le foghlaim:

 de D**h**aidí

 de M**h**amaí

den b**h**ord

den c**h**athaoir

(b) Abair agus scríobh na freagraí.

1. Ar bhain tú an hata de Dhaidí? ✔
2. Ar bhain tú an hata de Mhamaí? ✗
3. Ar thóg tú an leabhar den bhord? ✗
4. Ar thóg tú an bosca den chathaoir? ✔

(c) Le foghlaim:

díom (mé)
díot (tú)
de (sé)
di (sí)
dínn (sinn)
díbh (sibh)
díobh (siad)

(d) Líon na bearnaí:
1. Bhain Seán a lámhainní _____ (sé).
2. Bhain Áine a bróga _____ (sí).
3. 'Ar bhain tú do stocaí _____ (tú)?' arsa Síle liom.
4. Bhain na cailíní a mbuataisí _____ (siad).
5. 'Níor bhain mé mo chóta _____ (mé),' arsa Mamaí.
6. 'Bainigí bhur stocaí _____ (sibh),' arsa Daidí leis na páistí.
7. Ar bhain Daidí a chóta (sé) _____?

4 (a) Le foghlaim:

(b) Scríobh an focal 'fíor' nó 'bréagach'.
1. Tá an ceathrú cailín ag éisteacht leis an raidió. _____
2. Tá an séú cailín ag romhar. _____
3. Tá an t-ochtú cailín ag ní na ngréithe. _____
4. Tá an deichiú cailín ag féachaint ar an teilifís. _____
5. Tá an seachtú cailín ag scríobh. _____
6. Tá an chéad chailín ag ól lúcosáide. _____
7. Tá an naoú cailín ag piocadh fiailí. _____
8. Tá an cúigiú cailín ag péinteáil. _____
9. Tá an dara cailín ag triomú na ngréithe. _____
10. Tá an tríú cailín ag canadh. _____

5 Éist CD Rian 17

faiche = lawn   bláthcheapach

CD Rian 18

Gairdín Pháidín

Cuireann Páidín síol
i mbosca beag
ar leac fuinneoige
ar an séú hurlár.
Is aoibhinn leis
an chré a bhrath
faoina ingne.

Áine Ní Ghlinn

CEACHT 17

Comhrá beirte/Comhrá baile

Cuir ceist ar do chara.

A   **B**

1 Ainmnigh míonna na bliana.

1 Eanáir, Feabhra, Márta, Aibreán, Bealtaine, Meitheamh, Iúil, Lúnasa, Meán Fómhair, Deireadh Fómhair, Samhain, Nollaig.

2 Ainmnigh míonna an gheimhridh.

2 Samhain, Nollaig, Eanáir.

3 Cén sórt aimsire a bhíonn ann sa gheimhreadh?

3 (a) Bíonn sé an-fhliuch agus an-fhuar.
(b) Bíonn sé stoirmiúil.
(c) Bíonn sé ag cur seaca.
(d) Bíonn sé ag cur sneachta.

4 Inis dom faoi na hainmhithe sa gheimhreadh.

4 (a) Fanann an ghráinneog ina codladh sa gheimhreadh.
(b) Téann an t-iora a chodladh sa gheimhreadh.

Foclóir: stoirmiúil = stormy;   ag cur seaca = freezing;   an t-iora = the squirrel

1 An bhfuil an aimsir ceathach inniu?
2 An raibh sé ag cur seaca aréir?
3 Inis dom faoin aimsir atá ann anois.

87   ochtó a seacht

Comhrá: Cé mhéad carr atá ar thaobh na sráide?
Cén t-am é? An bhfuil an scoil críochnaithe?
Cá bhfios duit? Cad tá ar an bhfaiche ar chúl an tí?
Cé a chuir fáilte roimh na páistí?
An bhfaca siad an tintreach?
Ar chuala siad toirneach? srl.

1 An Stoirm

an ghaoth ag séideadh

timpeall chúinne an tí

duilleoga

na géaga ag lúbadh

Chuir Mamaí fáilte rompu.

ag stealladh báistí

tintreach

Tharraing Mamaí na cuirtíní.

Chuir an toirneach scanradh ar na páistí.

Ní raibh scanradh ar na páistí ansin.

88   ochtó a hocht

2 (a) An Stoirm

D'fhág Seán agus Síle an scoil ar a trí a chlog. Bhí an ghaoth ag séideadh go láidir. Bhrostaigh siad abhaile.

Shiúil siad timpeall chúinne an tí. Chonaic siad an fhaiche lán de dhuilleoga. Bhí an ghaoth ag séideadh níos láidre anois. Chonaic siad na géaga ag lúbadh. Chuir Mamaí fáilte rompu. Díreach ansin thosaigh sé ag stealladh báistí. D'fhéach Síle agus Seán amach an fhuinneog. Chonaic siad an tintreach. Bhain sí geit astu. Ansin chuala siad an toirneach. Chuir sé scanradh orthu. Tharraing Mamaí na cuirtíní.

Tar éis fiche nóiméad bhí an stoirm thart. Ní raibh scanradh ar na páistí ansin.

(b) Ceisteanna

1. Cén t-am a d'fhág na páistí an scoil?
2. Cad a bhí ag séideadh?
3. Ar shiúil siad abhaile go mall?
4. Cad a bhí ar an bhfaiche?
5. Cé a chuir fáilte rompu?
6. Cad a chonaic na páistí sa spéir?
7. Cad a rinne Mamaí leis na cuirtíní?

Foclóir:

ag séideadh = blowing
Bhrostaigh siad = they hurried
cúinne = corner
an fhaiche = the lawn
ag lúbadh = bending
tintreach = lightning
toirneach = thunder
scanradh = fright

3 (a) Le foghlaim:

as an mbuidéal

as an ngloine

as an gcupán

as an gcrúiscín

(b) Abair agus scríobh na freagraí.

1. Ar dhoirt tú oráiste as an mbuidéal? ✗
2. Ar dhoirt tú cóc as an ngloine? ✔
3. Ar dhoirt tú tae as an gcupán? ✔
4. Ar dhoirt tú bainne as an gcrúiscín? ✗

(c) Le foghlaim:

asam (mé)
asat (tú)
as (sé)
aisti (sí)
asainn (sinn)
asaibh (sibh)
astu (siad)

(d) Líon na bearnaí:

1. Bhain an toirneach geit as Seán. Bhain sé geit ____.
2. Bhain an tarbh geit as Síle. Bhain an tarbh geit _____.
3. Ar bhain an luch geit _____ (sibh)?
4. Níor bhain an madra geit _____ (sinn).
5. 'Níor bhain an tintreach geit _____ (mé),' arsa Íde le Colm.
6. Tháinig luch amach as an _____ (poll).

4 Scríobh an scéal.

> ag séideadh   Rith   ag súgradh   tintreach   duilleoga   scanradh an domhain
> faoin mbord   chúinne an gharáiste   sa gharáiste   spórt an domhain

Rúfaí, Fífí agus an Stoirm

Bhí Rúfaí agus Fífí ____ _____ sa ghairdín. Thosaigh an ghaoth ___ _____. Shéid sí na 🍃 _____ de na géaga. _____ Rúfaí agus Fífí i ndiaidh na nduilleog. Bhí _____ ___ _____ acu. Díreach ansin chonaic siad ⚡ _____. Chuir sí _____ ___ _____ orthu. Rith Rúfaí timpeall _____ ____ _____ agus isteach sa chonchró. Rith Fífí isteach s__ _____ agus d'fhan sí  _____ _____.

5 Seanfhocal

Is olc an ghaoth nach séideann do dhuine éigin.

Ansin, tarraing do phictiúr féin.

 CD Rian 19

An Geimhreadh

Tiocfaidh an geimhreadh
Is séidfidh an ghaoth,
Lúbfaidh sí na géaga,
Ach ní leagfaidh sí mé.

Feicfidh mé an tintreach,
Is cuirfidh sí orm scéin,
Cloisfidh mé an toirneach
Is ní chodlóidh mé néal.

Titfidh an bháisteach
Anuas go trom;
Beidh an fharraige dainséarach
Do bhád is do long.

Nuair a thitfidh an sneachta
'S nuair a thiocfaidh an sioc;
Beidh mé fuar préachta
Ach éireoidh mé go moch.

D'imigh an geimhreadh
Dhúisigh an ghráinneog;
Ghiorraigh an oíche
Is táim arís óg.

CEACHT 18

Comhrá beirte/Comhrá baile

Cuir ceist ar do chara.

A   **B**

③ Ainmnigh na baill éadaigh atá ort.

① (a) Tá veist agus fobhríste orm.
(b) Tá léine agus bríste orm.
(c) Tá carbhat agus stocaí orm.
(d) Tá geansaí orm.

② An bhfuil seaicéad ort?
③ An bhfuil bríste géine ort?
④ An bhfuil cóta báistí ort?
⑤ An bhfuil lámhainní ort?

② Níl seaicéad orm.
③ Níl bríste géine orm.
④ Níl cóta báistí orm.
⑤ Níl lámhainní orm.

⑥ An bhfuil buataisí ort?
⑦ An bhfuil cuaráin ort?
⑧ An bhfuil bróga ort?

⑥ Níl buataisí orm.
⑦ Níl cuaráin orm.
⑧ Tá bróga orm.

⑨ An bhfuil culaith reatha agat?
⑩ An bhfuil bróga reatha agat?

⑨ Tá culaith reatha agam.
⑩ Tá bróga reatha agam.

⑪ An bhfuil poll ar do mhuinchille?
⑫ An bhfuil poll ar do ghúna?

⑪ Tá poll ar mo mhuinchille.
⑫ Níl poll ar mo ghúna.

⑬ Cé acu is fearr leat, bríste géine nó bríste scoile?

⑬ Is fearr liom bríste géine.

① Cé acu is fearr leat, bróga reatha nó bróga scoile?
② An bhfuil lámhainní agat sa bhaile?

93   nócha a trí

Comhrá: Cad tá ar an gcóta? An bhfuil bróga ar Shíle?
An bhfuil sí gléasta mar gharda?
Cad a chuir sí ar a haghaidh?
Cad tá ina láimh aici? Inis dom faoi phictiúr a trí.
Cad a tharla do Shíle nuair a léim sí?
An raibh buataisí nua uirthi? srl.

1 Comórtas Bréag-éadaigh

Bhí na tuismitheoirí sna trithí ag gáire.

Bhuaigh Síle an chéad duais.

2 (a) Comórtas Bréag-éadaigh

Bhí comórtas bréag-éadaigh sa scoil aréir. Bhí na tuismitheoirí go léir ann.

Bhí Síle gléasta mar phíoráid. Bhí cóta gorm agus bríste buí uirthi. Bhí hata ar a ceann. Bhí sé déanta de chairtchlár. Bhí buataisí uirthi agus bhí claíomh cam ina láimh aici. Chuir sí féasóg bhréige uirthi féin. Chuaigh Seán amach roimpi ar an stáitse. Bhí sé gléasta mar fhear grinn. Fuair sé bualadh bos mór.

Ansin léim Síle amach ar an stáitse ach thit sí. Bhí poill ar a buataisí. Chonaic na tuismitheoirí iad. Bhí siad sna trithí ag gáire. Thug siad an-bhualadh bos di. Bhuaigh sí an chéad duais. Bhí bród an domhain ar Shíle an oíche sin.

(b) Ceisteanna

1. Cá raibh an comórtas bréag-éadaigh?
2. Cé a bhí ag an gcomórtas bréag-éadaigh?
3. Cad é an dath a bhí ar bhríste Shíle?
4. Cad a bhí ina láimh ag Síle?
5. Cén fáth a raibh na tuismitheoirí ag gáire?
6. Ar bhuaigh Seán an chéad duais?
7. An raibh Seán gléasta mar phíoráid?

Foclóir:
Comórtas bréag-éadaigh = fancy dress competition
tuismitheoirí = parents
gléasta = dressed
píoráid = pirate
cairtchlár = cardboard
claíomh = sword
féasóg bhréige = false beard
Bhuaigh sí = she won

3

(a) Le foghlaim:

roimh
roimh an

h
urú

roimh Shíle

roimh Sheán

roimh an gcat

roimh an ngarda

(b) Abair agus scríobh na freagraí.
1. Ar chuir tú fáilte roimh Shíle? ✔
2. Ar chuir tú fáilte roimh Thomás? ✗
3. Ar rith an luch roimh an gcat? ✔
4. Ar rith an garda roimh an ngadaí? ✗
5. Ar shiúil tú roimh an ngarda? ✗

(c) Le foghlaim:

Chuir sí fáilte

romham (mé)
romhat (tú)
roimhe (sé)
roimpi (sí)
romhainn (sinn)
romhaibh (sibh)
rompu (siad)

(d) Líon na bearnaí:
1. Chuir mé fáilte roimh Íde. Chuir mé fáilte _____.
2. Chuir sí fáilte roimh Sheán. Chuir sí fáilte _____.
3. 'Ar shiúil an madra _____ (tú)?' arsa Mamaí liom.
4. Mise agus Áine: Chuir an múinteoir fáilte _____ (sinn).
5. Ciarán agus Colm. Chuir Mamaí fáilte (siad)_____.
6. 'Ar chuir an múinteoir fáilte _____ (sibh)?' arsa Mamaí.
7. 'Níor chuir an garda fáilte _____ (mé),' arsa an gadaí.

4 Aimsigh ceithre dhifríocht idir na pictiúir.

1 (a) Tá claíomh díreach ag an bpíoráid i bpictiúr A.
   (b) Tá _____ .

5 Éist CD Rian 20

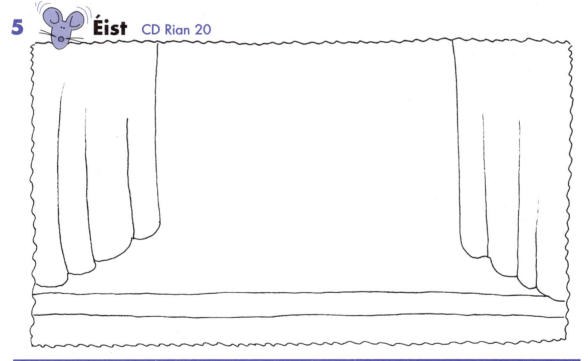

6 Seanfhocal
Is é an duine an t-éadach.

Anois tarraing do phictiúr féin.

Caith an Dísle

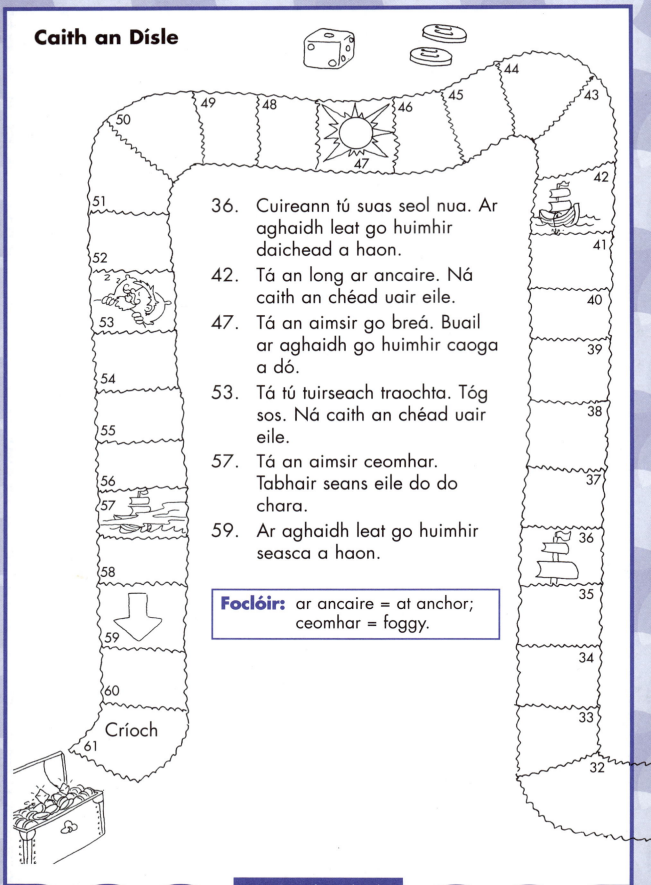

36. Cuireann tú suas seol nua. Ar aghaidh leat go huimhir daichead a haon.
42. Tá an long ar ancaire. Ná caith an chéad uair eile.
47. Tá an aimsir go breá. Buail ar aghaidh go huimhir caoga a dó.
53. Tá tú tuirseach traochta. Tóg sos. Ná caith an chéad uair eile.
57. Tá an aimsir ceomhar. Tabhair seans eile do do chara.
59. Ar aghaidh leat go huimhir seasca a haon.

Foclóir: ar ancaire = at anchor; ceomhar = foggy.

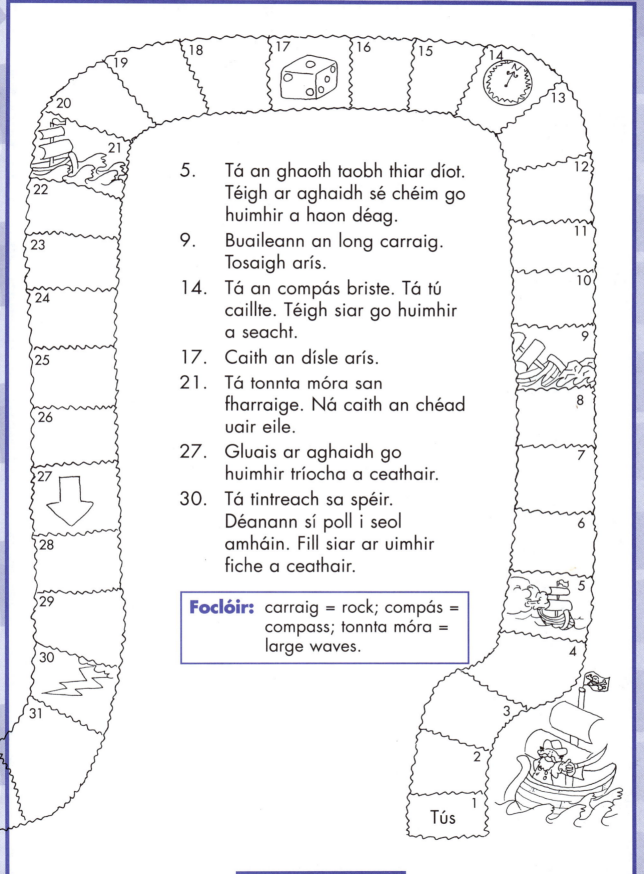

5. Tá an ghaoth taobh thiar díot. Téigh ar aghaidh sé chéim go huimhir a haon déag.
9. Buaileann an long carraig. Tosaigh arís.
14. Tá an compás briste. Tá tú caillte. Téigh siar go huimhir a seacht.
17. Caith an dísle arís.
21. Tá tonnta móra san fharraige. Ná caith an chéad uair eile.
27. Gluais ar aghaidh go huimhir tríocha a ceathair.
30. Tá tintreach sa spéir. Déanann sí poll i seol amháin. Fill siar ar uimhir fiche a ceathair.

Foclóir: carraig = rock; compás = compass; tonnta móra = large waves.

CEACHT 19

Ócáidí Speisialta

Comhrá beirte/Comhrá baile

Cuir ceist ar do chara.

A

1. Céard a rinne tú Lá 'le Pádraig?

B

1. (a) Chuaigh mé ar Aifreann.
   (b) Chuaigh mé go dtí an pharáid.

2. Céard a chuir tú ar do gheansaí?

2. (a) Chuir mé cruit ar mo gheansaí.
   (b) Chuir mé seamróg ar mo gheansaí.

3. Cé a chuaigh in éineacht leat?
4. An ndeachaigh Síle in éineacht leat?

3. Chuaigh mo chara Liam in éineacht liom.
4. Ní dheachaigh Síle in éineacht liom.

5. Céard a chonaic tú ar paráid?
6. An bhfaca tú gasóga ar paráid?
7. An bhfaca tú rinceoirí ar paráid?

5. Chonaic mé saighdiúirí ar paráid.
6. Chonaic mé gasóga ar paráid.
7. Chonaic mé rinceoirí ar paráid.

8. Ar chuala tú banna ceoil?
9. Cén sórt aimsire a bhí ann?

8. Chuala mé banna ceoil.
9. Bhí an lá go breá.

---

1. Cathain a d'éirigh tú Lá 'le Pádraig?
2. Cad a rinne tú Lá 'le Pádraig?

100   céad

Comhrá: An bhfuil Mamaí/Síle os comhair an tséipéil?
Céard atá ar bhlús Shíle? An bhfuil cruit ar ghúna Mhamaí?
Ar chuala na páistí banna ceoil?
Céard a bhí ag na saighdiúirí?
Cé a bhí sa jíp/ar an leoraí?
An raibh cailín ag seinm bosca ceoil? srl.

1 Lá 'le Pádraig

Bhí grúpa rinceoirí ar leoraí amháin.

Bhí na gasóga ag ullmhú béile.

2 (a) Lá 'le Pádraig

D'éirigh Síle go moch Lá 'le Pádraig. Chuir sí seamróg agus cruit ar a blús. Thóg Mamaí ar Aifreann í.

Ansin chuaigh sí féin agus a cara, Ciara, go dtí an pharáid. Chonaic siad banna ceoil ag tús na paráide. Lean trúpa saighdiúirí é. Ansin tháinig jíp. Bhí fear gléasta in éide Humptí Dumptí i gcúl an jíp. Bhí sé an-ramhar agus bhí sé ag luascadh anonn is anall. Bhí gach duine ag gáire faoi ach níor thit sé. Bhí rinceoirí ar leoraí amháin agus bhí gasóga ar cheann eile. Bhí na gasóga ag ullmhú béile i gcúl an leoraí.

Thaitin an pharáid go mór leis na cailíní. D'fhill siad abhaile go sona sásta.

(b) Ceisteanna

1. Céard a chuir Síle ar a blús?
2. An ndeachaigh Síle ar Aifreann?
3. Cé a bhí ag siúl ag tús na paráide?
4. Cé a bhí ag siúl ina dhiaidh?
5. Cá raibh an fear a bhí gléasta mar Humptí Dumptí?
6. Céard a bhí á dhéanamh ag na gasóga?
7. Cá raibh na rinceoirí?

Foclóir:
seamróg = shamrock
cruit = harp
Aifreann = Mass
trúpa saighdiúirí = troop of soldiers
ag luascadh anonn is anall = swinging hither and thither/from side to side
rinceoirí = dancers
gasóga = scouts

3 (a) Le foghlaim:

faoi / faoin ← **h / urú**

ag gáire **faoi Sh**eán
ag magadh **faoi Bh**rian

faoin ngeata
faoin bpianó

(b) Abair agus scríobh na freagraí.
1. An raibh Daidí ag gáire faoi Sheán? ✗
2. An raibh Ciara ag magadh faoi Bhrian? ✓
3. An raibh coiníní faoin ngeata? ✗
4. An raibh bláthanna ag fás faoin bpianó? ✗

(c) Le foghlaim:

Ní raibh sé ag gáire

fúm (mé)
fút (tú)
faoi (sé)
fúithi (sí)
fúinn (sinn)
fúibh (sibh)
fúthu (siad)

(d) Líon na bearnaí:
1. 'An raibh sé ag gáire _____ (tú)?' arsa an múinteoir le Colm.
2. 'Ná bí ag magadh _____ (siad),' arsa Mamaí le Seán.
3. Bhí na buachaillí ag gáire _____ (mé).
4. Mise agus Áine. Bhí na cailíní ag magadh _____ (sinn).
5. Ní raibh Ciarán ag magadh _____ (sí).
6. 'An raibh Eoin ag gáire _____ (sibh)?' arsa Daidí le hÍde agus Nóra.

4 (a) Le foghlaim:

(b) Cum abairt le gach frása thuas.
Sampla: An bhfaca tú an bata an-díreach ar an stáitse aréir?
Cuideoidh na briathra seo leat:

| Chonaic   Tháinig   Chuaigh   Shiúil   D'fhág   Thóg   Ní dheachaigh |

5 Scríobh an scéal.

| páirt   naoi a chlog   seamróg   mo chol ceathar   mo bhairéad
Thosaigh   tús na paráide   gasóga   ag féachaint   Thaitin   bualadh bos |

Ghlac mé páirt sa pharáid.

Tá mé sna _____. Ghlac mé _____ sa pharáid. D'éirigh mé ar a ____ __ _____. Fuair mé 🍀 _____ . Chuir mé ar 🎩 ___ _____ í. Tá ___ ____ _____ sna gasóga freisin. Bhuail mé leis ag ____ __ _____.

_____ an pharáid ar a dó dhéag a chlog. Bhí a lán daoine __ _____ orainn. Thug siad _____ ____ mór dúinn. _____ an pharáid go mór linn.

CEACHT 20
(Dul Siar)

Daidí Bocht   CD Rian 21

Bhí an tralaí siopadóireachta lán ag Daidí. Bhí sé lán go barr. Bhí Seán agus Síle in éineacht leis. D'oscail Daidí an cófra bagáiste.

'Brostaígí anois,' ar seisean, 'agus cuidígí liom na málaí a chur isteach sa chófra bagáiste.'

'Cén fáth?' arsa Síle.

'Féach suas,' arsa Daidí. 'Féach ar na crainn. Tá a ngéaga ag lúbadh. Bhí mé ag éisteacht le réamhaisnéis na haimsire. Dúirt an fear aimsire go mbeadh stoirm ann tráthnóna inniu. Anois brostaígí agus cuidígí liom.'

Chuir siad na málaí go léir isteach sa chófra bagáiste. Thóg Seán an tralaí ar ais go dtí an t-ionad siopadóireachta. Dhún Daidí an cófra bagáiste. Shuigh siad go léir isteach sa charr. Thiomáin Daidí an carr amach as an gcarrchlós.

Foclóir: cófra bagáiste = boot; in éineacht leis = with him; go mbeadh = would be; stoirm = storm; Thiomáin sé = he drove

Chas sé ar chlé agus bhí sé ar an mbóthar abhaile. Tar éis cúig nóméad chas sé ar dheis agus thosaigh sé ag dul suas bóthar cam.

'Sroichfimid an teach níos mire ar an mbóthar seo,' arsa Daidí.

Ach ní raibh an t-ádh leo. Bhí an ghaoth ag séideadh níos láidre anois. Nuair a chuaigh siad thar an tríú cúinne, chonaic siad crann ar an mbóthar rompu.

'Cad a dhéanfaidh tú anois, a Dhaidí?' arsa Seán.

'Casfaidh mé an carr,' arsa Daidí, 'agus rachaidh mé ar ais go dtí an príomhbhóthar.'

Chas sé an carr ag geata feirme. D'fhill sé ar ais ar an bpríomhbhóthar. Nuair a tháinig sé go dtí an príomhbhóthar thiomáin sé díreach abhaile. Bhí áthas ar gach duine nuair a shroich siad an teach.

'Ní dhéanfaidh tú an dearmad sin arís, a Dhaidí,' arsa Síle.

'Tá an ceart agat, a Shíle,' arsa Daidí. 'Tá ceacht foghlamtha agam cinnte.'

Foclóir: Sroichfimid = we will arrive; an t-ádh = luck; an tríú cúinne = the third corner; príomhbhóthar = main road; geata feirme = farm gate

bairéad

 Glao Gutháin CD Rian 22

Brian: An bhfuil Seán sa bhaile?
Mamaí Sheáin: Tá, a Bhriain. Tá sé sa seomra suí. Ar mhaith leat caint leis?
Brian: Ba mhaith liom, le do thoil.
Mamaí Sheáin: Glaofaidh mé air anois. A Sheáin, tá tú ag teastáil ar an bhfón. Ba mhaith le Brian caint leat.
Seán: Sea, a Bhriain, an bhfuil aon scéal agat?
Brian: An ndearna tú dearmad ar na gasóga anocht?
Seán: Ní dhearna mé ach bhí pian i mo bholg agam agus níorbh fhéidir liom dul.
Brian: Bhuel, beimid ag siúl sa pharáid Lá 'le Pádraig.
Seán: Go maith. Cathain a thosóidh an pharáid?
Brian: Tosóidh sí ar a dó dhéag a chlog. Bí os comhair an ionaid siopadóireachta ar ceathrú chun a dó dhéag.
Seán: Beidh mé ann, cinnte.
Brian: Ná déan dearmad ar sheamróg a chur ar do bhairéad.
Seán: Ní dhéanfaidh mé. Go raibh maith agat, a Bhriain. Slán.
Brian: Slán, a Sheáin. Feicfidh mé thú Lá 'le Pádraig.

Foclóir: Glaofaidh mé = I will call; anocht = tonight; Níorbh fhéidir liom = I wasn't able; bairéad = beret

1 Ná déan dearmad

(a) **de – h**

díom	(mé)
díot	(tú)
de	(sé)
di	(sí)
dínn	(sinn)
díbh	(sibh)
díobh	(siad)

as
as an – urú

asam
asat
as
aisti
asainn
asaibh
astu

(b) Líon na bearnaí:
1. 'Ar bhain Daidí a bhróga ____ ?' arsa Mamaí le Nóra.
2. Níor bhain Nóra a stocaí ____ (sí).
3. Bhain na gasóga a mbairéid _____ (siad).
4. 'Bhain an taibhse geit _____ (mé),' arsa Ciarán le hÍde.
5. Lig Nóra béic _____ (sí) nuair a chuala sí an toirneach.
6. 'Ar bhain an tintreach geit _____ (sibh)?' arsa Daidí leis na buachaillí.

(c) **roimh – h**
roimh an – urú

romham	(mé)
romhat	(tú)
roimhe	(sé)
roimpi	(sí)
romhainn	(sinn)
romhaibh	(sibh)
rompu	(siad)

faoi – h
faoin – urú

fúm
fút
faoi
fúithi
fúinn
fúibh
fúthu

(d) Líon na bearnaí:
1. Chuir an siopadóir fáilte _____ (sí).
2. Chuir a uncail fáilte _____ (sé).
3. Chuaigh Seán agus Colm ag siúl agus shiúil an madra _____ (siad).
4. 'Tá Ciarán ag magadh _____ (sinn),' arsa na cailíní le Mamaí.
5. 'Ná bí ag gáire ____ (mé),' arsa Liam le Cáit.
6. Nuair a chonaic na páistí an fear grinn thosaigh siad ag gáire _____ (sé).

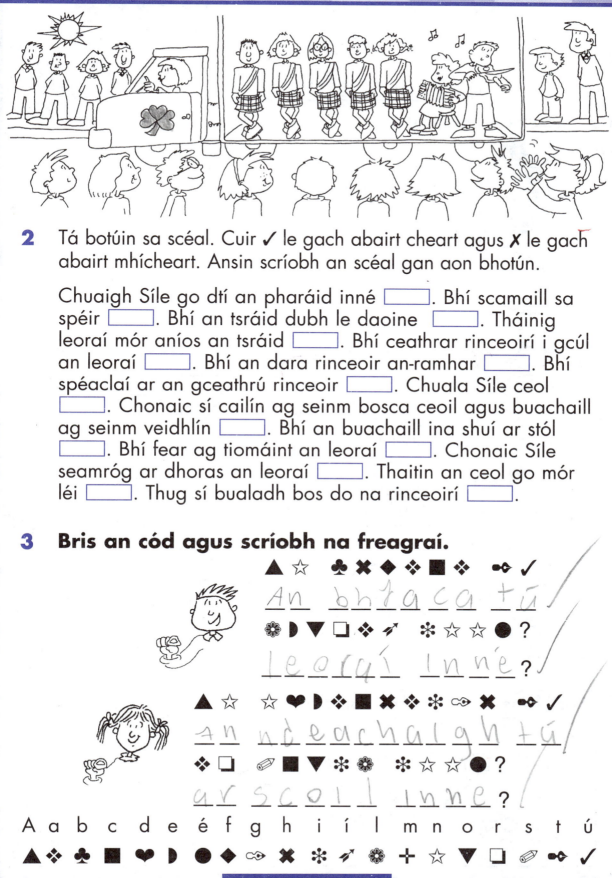

2 Tá botún sa scéal. Cuir ✓ le gach abairt cheart agus ✗ le gach abairt mhícheart. Ansin scríobh an scéal gan aon bhotún.

Chuaigh Síle go dtí an pharáid inné ☐. Bhí scamaill sa spéir ☐. Bhí an tsráid dubh le daoine ☐. Tháinig leoraí mór aníos an tsráid ☐. Bhí ceathrar rinceoirí i gcúl an leoraí ☐. Bhí an dara rinceoir an-ramhar ☐. Bhí spéaclaí ar an gceathrú rinceoir ☐. Chuala Síle ceol ☐. Chonaic sí cailín ag seinm bosca ceoil agus buachaill ag seinm veidhlín ☐. Bhí an buachaill ina shuí ar stól ☐. Bhí fear ag tiomáint an leoraí ☐. Chonaic Síle seamróg ar dhoras an leoraí ☐. Thaitin an ceol go mór léi ☐. Thug sí bualadh bos do na rinceoirí ☐.

3 Bris an cód agus scríobh na freagraí.

An bhfaca tú
leoraí inné?

An ndeachaigh tú
ar scoil inné?

A a b c d e é f g h i í l m n o r s t ú

CEACHT 21

Caitheamh Aimsire

Comhrá beirte/Comhrá baile

Cuir ceist ar do chara.

A

1 An imríonn tú peil?
2 An imríonn tú eitpheil?
3 An imríonn tú cispheil?
4 An imríonn tú iománaíocht?

B

1 Imrím peil.
2 Imrím eitpheil.
3 Imrím cispheil.
4 Imrím iománaíocht.

5 Cé acu is fearr leat, peil nó iománaíocht?
6 Cé acu is fearr leat, eitpheil nó cispheil?

5 Is fearr liom iománaíocht.
6 Is fearr liom cispheil.

7 Cad a bhíonn agat nuair a bhíonn tú ag iomáint?

7 Bíonn sliotar agus camán agam.

8 Cad a chuireann tú ort nuair a bhíonn tú ag iomáint?

8 (a) Cuirim bróga peile orm.
(b) Cuirim bríste peile orm.
(c) Cuirim geansaí peile orm.
(d) Cuirim clogad orm.

Foclóir: eitpheil = volleyball; cispheil = basketball; clogad = helmet

1 Cé acu is fearr leat, sacar nó cispheil?
2 Cad a bhuaileann tú le camán?
3 Inis dom faoi chluiche a d'imir tú.

110 céad a deich

Comhrá: Cad tá ina láimh ag Síle? Cad tá ar a ceann?
Cad a bhuail sí?
An bhfuil sí ag imirt peile/cispheile/eitpheile?
Inis dom faoi phictiúr a dó. Cé atá sa chúl?
Ar imir tusa camógaíocht riamh?
An bhfuair tú cúl/cúilín?
Cad tá ag an réiteoir? srl.

1 Imríonn Síle Camógaíocht

2 (a) Imríonn Síle Camógaíocht

Tá Síle ar fhoireann camógaíochta na scoile. Tá camán an-deas aici. Bíonn clogad ar a ceann nuair a bhíonn sí ag imirt.

Imríonn sí i lár na páirce. Buaileann sí an sliotar i dtreo an chúil. Uaireanta téann sé ar seachrán. Uaireanta eile beireann an lánchúlaí air agus buaileann sí amach arís é go lár na páirce. Uaireanta eile, fós, beireann an lántosaí air agus faigheann sí cúl nó cúilín. Má dhéanann aon duine calaois séideann an réiteoir an fheadóg. Uaireanta, tógann Síle poc saor nó poc pionóis. Bíonn gliondar croí uirthi nuair a bhíonn an bua ag a scoil ach bíonn díomá uirthi nuair nach mbíonn.

(b) Ceisteanna

1. Cén cluiche a imríonn Síle?
2. Cad a chuireann sí ar a ceann nuair a bhíonn sí ag imirt?
3. Cá n-imríonn sí sa pháirc?
4. Cá mbuaileann sí an sliotar?
5. Cad a dhéanann an réiteoir nuair a dhéanann duine calaois?
6. An mbíonn áthas ar Shíle nuair a bhíonn an bua ag a scoil?
7. Cad leis a mbuaileann Síle an sliotar?

Foclóir:
i dtreo an chúil = towards the goal
uaireanta = some times
ar seachrán = astray
lánchúlaí = full-back
lántosaí = full-forward
faigheann sí cúl = she scores a goal
calaois = foul
gliondar croí = delight
díomá = disappointment

3 (a) Le foghlaim:

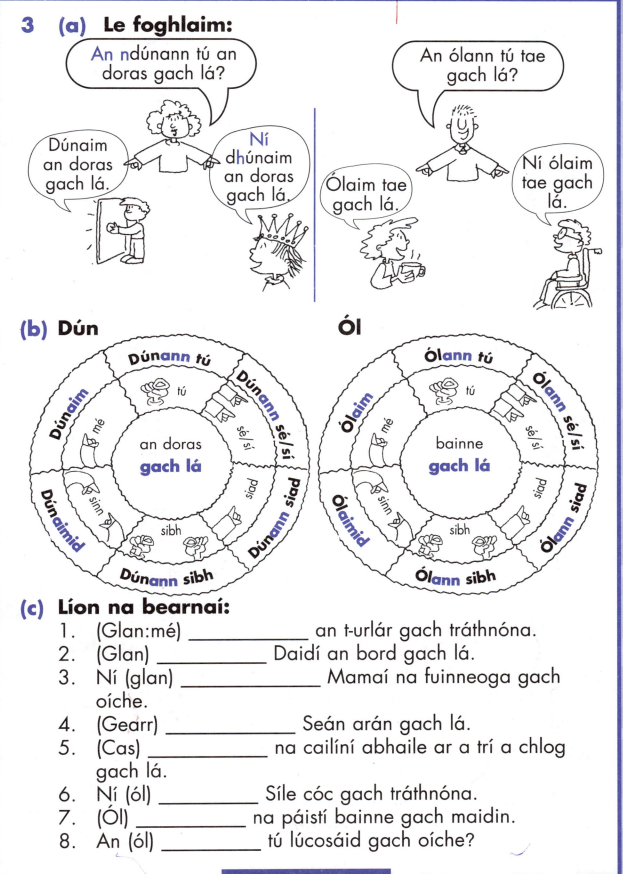

(c) Líon na bearnaí:
1. (Glan:mé) _____ an t-urlár gach tráthnóna.
2. (Glan) _____ Daidí an bord gach lá.
3. Ní (glan) _____ Mamaí na fuinneoga gach oíche.
4. (Gearr) _____ Seán arán gach lá.
5. (Cas) _____ na cailíní abhaile ar a trí a chlog gach lá.
6. Ní (ól) _____ Síle cóc gach tráthnóna.
7. (Ól) _____ na páistí bainne gach maidin.
8. An (ól) _____ tú lúcosáid gach oíche?

4 **(a) Le foghlaim:**

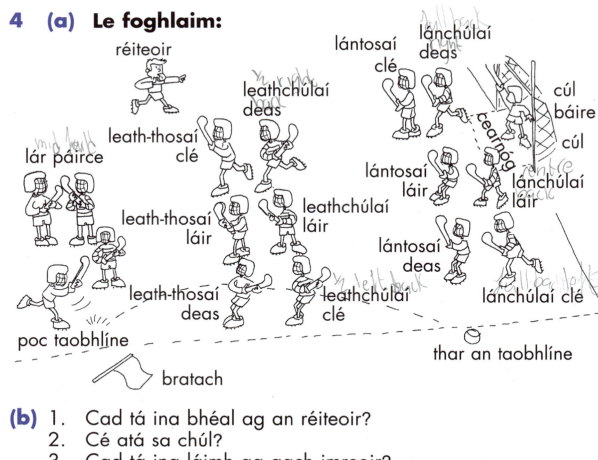

(b) 1. Cad tá ina bhéal ag an réiteoir?
2. Cé atá sa chúl?
3. Cad tá ina láimh ag gach imreoir?
4. Cad tá ar a cheann ag gach imreoir?
5. An bhfuil cead ag aon imreoir a bheith istigh sa chearnóg?
6. Cad tá ina luí ar an bhféar?
7. Cár bhuail an t-imreoir lár páirce an liathróid?

 CD Rian 23

5 **Éist. Scríobh an focal 'fíor' nó 'bréagach'.**
1. Tá ceithre nóiméad fágtha sa chluiche. _____
2. Tá dhá chúl agus cúig chúilín ag Scoil Phóil. _____
3. 'Sé Liam cúl báire Scoil Phóil. _____
4. Buaileann Seán an sliotar thar an taobhlíne. _____
5. Séideann an múinteoir an fheadóg. _____
6. Tugann an réiteoir poc saor do Scoil Phóil. _____
7. Tá an bua ag Scoil Phádraig. _____

CEACHT 22

Caitheamh Aimsire

Comhrá beirte/Comhrá baile

Cuir ceist ar do chara.

A

1. Cén caitheamh aimsire *is maith leat*?

B

1. *Is maith liom* iománaíocht.

2. Cén caitheamh aimsire *is fuath leat*?

2. *Is fuath liom* iomrascáil.

3. *An féidir leat* peil a imirt?

3. *Is féidir liom* peil a imirt.

4. Ainmnigh aon chaitheamh aimsire eile atá ann.

Sacar, snúcar, galf, rugbaí, snámh, cispheil, dornálaíocht, eitpheil, iascaireacht.

1. Is maith liom _____.
2. Is fuath liom _____.

1. Is fuath liom _____.
2. Is maith liom _____.

Is ____ liom _____.
Is ____ _____ _____.

Mise

Is ____ liom _____.
Is ____ _____ _____.

115 céad a cúig déag

Comhrá: Inis dom faoi phictiúr a haon.
Cá bhfuair sí an raicéad leadóige?
Céard a bhuaileann sí leis an raicéad?
Céard atá sa siopa spórtaíochta?
Céard atá i lár na cúirte?
Conas a fhreastalaíonn Ciara nuair a bhíonn sí ag imirt leadóige? srl.

1 Imríonn Ciara Leadóg

2 (a) Imríonn Ciara Leadóg

Imríonn Ciara leadóg gach Satharn. Tógann Mamaí í go dtí an chúirt leadóige. Tá raicéad nua aici. Cheannaigh Mamaí é sa siopa spórtaíochta.

   Buaileann sí lena cara Síle ag an gcúirt. Bíonn liathróid leadóige aici. Freastalaíonn Síle ar dtús. Caitheann sí an liathróid suas san aer agus buaileann sí í thar an líon. Buaileann Ciara an liathróid ar ais chuici. Má bhuaileann Ciara an líon leis an liathróid faigheann Síle scór. Má bhuaileann sí an liathróid thar an mbunlíne faigheann Síle scór eile fós. Tar éis tamaill freastalaíonn Ciara. Is breá leo an cluiche leadóige.

(b) Ceisteanna

1. Cathain a imríonn Ciara leadóg?
2. An dtógann Daidí í go dtí an chúirt leadóige?
3. Cár cheannaigh Mamaí an raicéad?
4. Conas a fhreastalaíonn Síle an liathróid?
5. An mbuaileann sí an liathróid faoin líon?
6. Céard a tharlaíonn nuair a bhuaileann Síle an líon?
7. Cá mbuaileann Ciara lena cara?

Foclóir:
siopa spórtaíochta = sports shop
Freastalaíonn sí = she serves

3 (a) Le foghlaim:

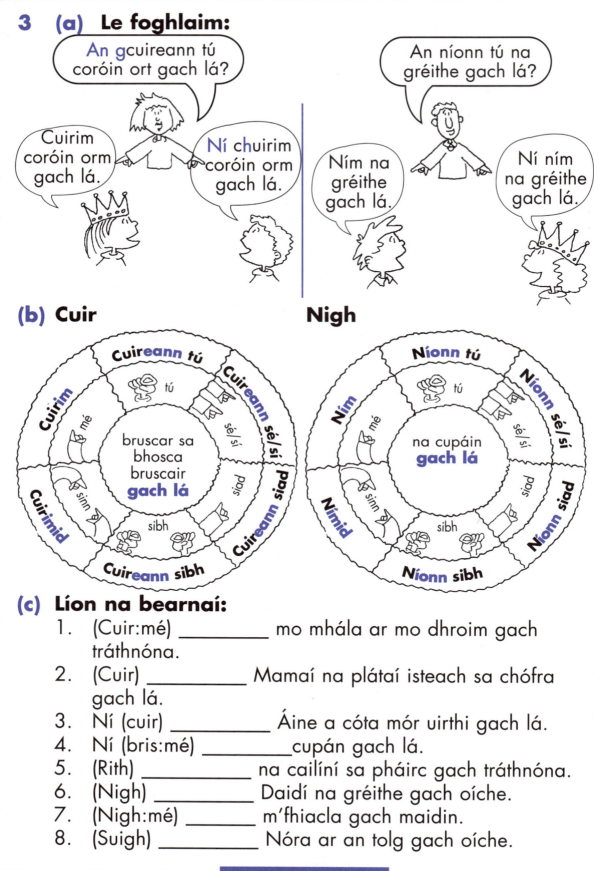

- An gcuireann tú coróin ort gach lá?
- Cuirim coróin orm gach lá.
- Ní chuirim coróin orm gach lá.
- An níonn tú na gréithe gach lá?
- Ním na gréithe gach lá.
- Ní ním na gréithe gach lá.

(b) Cuir

Cuirim mé, Cuireann tú, Cuireann sé/sí, Cuireann siad, Cuireann sibh, Cuirimid sinn
bruscar sa bhosca bruscair **gach lá**

Nigh

Ním mé, Níonn tú, Níonn sé/sí, Níonn siad, Níonn sibh, Nímid sinn
na cupáin **gach lá**

(c) Líon na bearnaí:

1. (Cuir:mé) _____ mo mhála ar mo dhroim gach tráthnóna.
2. (Cuir) _____ Mamaí na plátaí isteach sa chófra gach lá.
3. Ní (cuir) _____ Áine a cóta mór uirthi gach lá.
4. Ní (bris:mé) _____ cupán gach lá.
5. (Rith) _____ na cailíní sa pháirc gach tráthnóna.
6. (Nigh) _____ Daidí na gréithe gach oíche.
7. (Nigh:mé) _____ m'fhiacla gach maidin.
8. (Suigh) _____ Nóra ar an tolg gach oíche.

4 (a) Le foghlaim:

bhur gcótaí

ár gcótaí

a gcótaí

ár gcótaí
bhur gcótaí
a gcótaí

(b) Líon na bearnaí:

1. 'Cár chuir tú ár (cóta) _____?' arsa Seán agus Liam le Mamaí.
2. D'fhág Nóra agus Liam a (cóta) _____ ar scoil.
3. 'Ná fágaigí bhur (bróg) _____ sa pháirc,' arsa Daidí le Colm agus Áine.
4. Cheannaigh na cailíní a (buatais) _____ Dé Luain seo caite.
5. 'Ithigí bhur (banana) _____ anois,' arsa an múinteoir leis na buachaillí.
6. D'itheamar ár (cáca) _____ tar éis an dinnéir.

5 Scríobh an scéal.

| i lár na páirce | réiteoir | Bhuail sé | trí chúilín | calaois | cluiche peile |
| liathróid | an fheadóg | Fuair sé | áthas | thart | cúl | saorchic |

Cluiche peile

D'imir Tomás _____ _____ Dé Domhnaigh seo caite. Bhí sé ag imirt i _____ ____ _____. Thosaigh an _____ an cluiche. Rug Tomás ar an _____. _____ _____ í i dtreo an chúil. Rug an lántosaí ar an liathróid agus fuair sé _____. Fuair an fhoireann eile 3 ____ _____. Rinne lánchúlaí _____ ar lántosaí fhoireann Thomáis. Shéid an réiteoir _____ _____. Thóg Tomás an _____. _____ ____ cúilín. Bhí an cluiche _____ ansin. Bhí _____ ar Thomás.

céad a naoi déag

CEACHT 23

Comhrá ranga/Comhrá baile

 Múinteoir   páistí

1 An ndeachaigh sibh ar thuras scoile an bhliain seo caite?
2 Cá ndeachaigh sibh?

1 Chuamar ar thuras scoile.
2 Chuamar go _____

3 Conas a chuaigh sibh ar an turas scoile?
4 Cé mhéad múinteoir a bhí libh?

3 Chuamar ar an mbus/ar an traein.
4 Bhí triúr múinteoirí linn.

5 Cén t-am a d'fhág an bus an scoil?
6 Cén t-am a d'fhág an traein an stáisiún?
7 An raibh sibh ag canadh ar an mbus?

5 D'fhág an bus an scoil ar _____.
6 D'fhág an traein an stáisiún ar _____.
7 Bhíomar ag canadh ar an mbus.

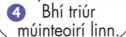

8 Ar thaitin an turas libh?
9 Cén t-am a tháinig sibh abhaile?
10 An raibh sibh tuirseach traochta?

8 Thaitin an turas linn.
9 Thángamar abhaile ar _____.
10 Bhíomar tuirseach traochta.

1 An ndeachaigh tú ar thuras scoile riamh?
2 Inis dom faoi.

120   céad is fiche

Comhrá: An raibh tú i bhFóta riamh?
An raibh tú sa zú riamh?
Conas a chuaigh tú ann?
Ainmnigh na hainmhithe a chonaic tú ann.
Inis dom faoi phictiúr a ceathair.
Cad a rinne Seán leis an mbruscar? srl.

1 Turas Scoile

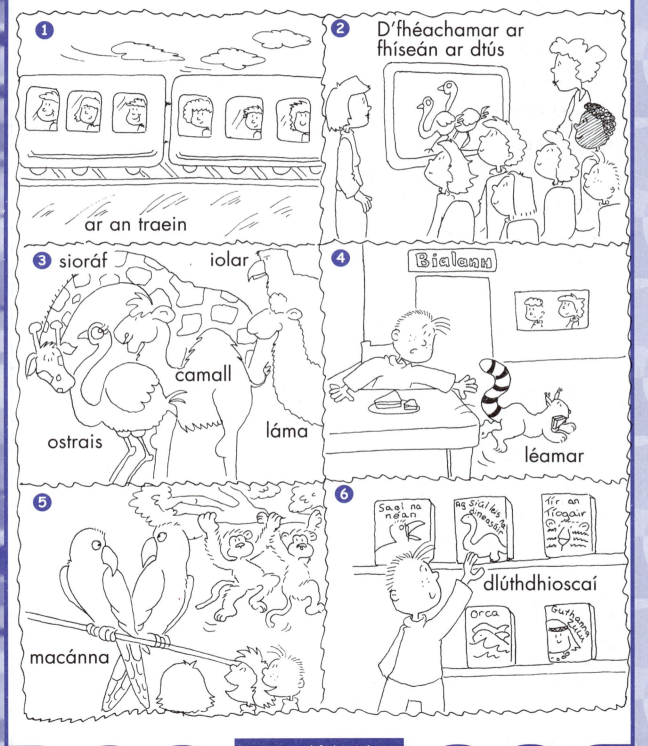

2 (a) Turas Scoile

Chuaigh Seán agus a rang ar thuras scoile Dé hAoine seo caite. Chuaigh siad go Fóta. Chuaigh siad ann ar an traein.

D'fhéach siad ar fhíseán ar dtús. Chonaic siad a lán ainmhithe is éan air. Ansin thosaigh siad ag siúl tríd an bpáirc. Thaitin na héin go mór le Seán. Tháinig siad go bialann. Bhí Seán ag ithe ceapaire cáise nuair a sciob léamar píosa de uaidh. Rith Seán ina dhiaidh ach theip air breith air. Thosaigh an rang ag siúl arís. Chuala Seán na macánna. Bhí raic uafásach ar siúl acu. Chuaigh siad isteach i siopa agus cheannaigh sé an dlúthdhiosca 'Ag Siúl leis na Dineasáir.' Thug sé fiche euro air. Bhí sé tuirseach traochta tar éis an lae ach thaitin an turas go mór leis.

(b) Ceisteanna

1. Cathain a chuaigh an rang ar thuras scoile?
2. Cad a chonaic an rang ar an bhfíseán?
3. An raibh Seán ag ithe ceapaire turcaí?
4. Cén fáth ar rith Seán i ndiaidh an léamair?
5. Cad é ainm an dlúthdhiosca a cheannaigh Seán?
6. An ndeachaigh tú ar thuras scoile i mbliana?
7. Ar thaitin sé leat? Cén fáth?

Foclóir:
turas scoile = school tour
físeán = video
ainmhithe = animals
theip air breith air = he failed to catch him
raic uafásach = a terrible racket

3 (a) Le foghlaim:

An gceannaíonn tú páipéar gach lá?
Ceannaím páipéar gach lá.
Ní cheannaím páipéar gach lá.

An éiríonn tú gach lá?
Éirím gach lá.
Ní éirím gach lá.

(b) Ceannaigh   Éirigh

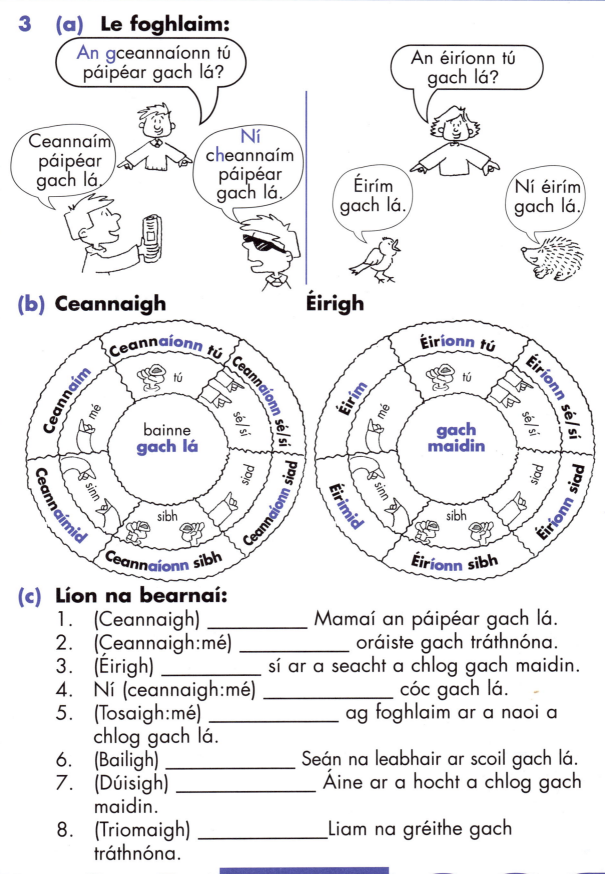

Ceannaigh: Ceannaím mé, Ceannaíonn tú, Ceannaíonn sé/sí, Ceannaíonn sibh, Ceannaímid sinn, Ceannaíonn siad — bainne gach lá

Éirigh: Éirím mé, Éiríonn tú, Éiríonn sé/sí, Éiríonn siad, Éiríonn sibh, Éirímid sinn — gach maidin

(c) Líon na bearnaí:

1. (Ceannaigh) _____ Mamaí an páipéar gach lá.
2. (Ceannaigh:mé) _____ oráiste gach tráthnóna.
3. (Éirigh) _____ sí ar a seacht a chlog gach maidin.
4. Ní (ceannaigh:mé) _____ cóc gach lá.
5. (Tosaigh:mé) _____ ag foghlaim ar a naoi a chlog gach lá.
6. (Bailigh) _____ Seán na leabhair ar scoil gach lá.
7. (Dúisigh) _____ Áine ar a hocht a chlog gach maidin.
8. (Triomaigh) _____ Liam na gréithe gach tráthnóna.

123   céad fiche a trí

4 Cuir na focail seo a leanas in ord agus ansin cuir na habairtí in ord.
1. an rang   sa pháirc   ainmhithe   a lán   Chonaic
2. an scoil   naoi a chlog   D'fhág   ar a   an bus
3. an lá   Thaitin   go mór   na páistí   leis
4. an rang   Chuaigh   scoile   thuras   ar   inné
5. na buachaillí   Thosaigh   ar an mbus   ag canadh
6. an bus   Shroich   ar a deich   Fóta   a chlog
7. na páistí   Cheannaigh   sa siopa   brioscaí is milseáin
8. an bus   abhaile   ar a naoi   na páistí   Thóg   a chlog
9. ag canadh   na cailíní   Bhí   freisin

CD Rian 24

5 Éist agus scríobh an focal 'fíor' nó 'bréagach'.

Caisleán Rois

Teach Mhucrois

1. Níor thaitin an turas scoile le Ciara. _____
2. Chuaigh an rang ar an mbus go Cill Áirne. _____
3. Bhí an rang i mbád ar Loch Léin. _____
4. Bhí an ghrian ag taitneamh orthu sa bhád. _____
5. Bhí na páistí go léir fliuch. _____
6. B'fhearr le Ciara Caisleán Rois ná Teach Mhucrois. ____

6 Tomhas
Téann sé ó Luimneach go Gaillimh ach ní ghluaiseann sé centiméadar. Cad é?

Bóthar (upside down)

CD Rian 25

Cois na Farraige

Tá an lá go haoibhinn
Níl scamall sa spéir;
Don trá is don taoide
Brostaímis go léir.

Déanfaimid baile
Ar ghaineamh na trá,
Is tógfaimid baile
Ina thimpeall go hard.

Beidh mé mar rí ann,
Is tusa mar mhaor,
Ag bailiú mo chíosa
Ó na daoine go léir.

Rachaimid san uisce
Is beimid ag snámh,
Ag rith is ag rince
Is ag léimneach go hard.

Gheobhaimid an citeal
Is líonfaimid é,
Lasfaimid tine
Is déanfaimid tae.

Rachaimid abhaile
Nuair a thiocfaidh an oíche
Is fágfaimid slán
Ag trá agus taoide.

Micheál Ó Donncha

CEACHT 24

Ócáidí Speisialta

Comhrá beirte/Comhrá baile

Cuir ceist ar do chara.

A

B

❶ An bhfuil tú i mbanna ceoil?
❷ An maith leat bheith i mbanna ceoil?
❸ Céard a sheinneann tú?

❶ Tá mé i mbanna ceoil.
❷ Is maith liom bheith i mbanna ceoil.
❸ Seinnim feadóg stáin/ bosca ceoil/ veidhlín agus pianóchairdín.

❹ An bhfuil tú i mbanna ceoil?
❺ Ar mhaith leat bheith i mbanna ceoil?

❹ Níl mé i mbanna ceoil.
❺ Ba mhaith liom bheith i mbanna ceoil.

❻ An féidir leat veidhlín a sheinm?
❼ Cé acu ab fhearr leat, an veidhlín nó an pianóchairdín?

❻ Is/Ní féidir liom veidhlín a sheinm.
❼ B'fhearr liom an veidhlín.

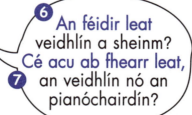

❶ An féidir leat feadóg a sheinm?
❷ Cé acu ab fhearr leat, an fheadóg nó an veidhlín?
❸ Inis dom faoi.

Comhrá: Cé mhéad duine atá ag seinm na veidhlíní/na bhfeadóg stáin/na bpianóchairdíní/na ndrumaí?
An bhfuil níos mó buachaillí ná cailíní sa bhanna ceoil?
Cé mhéad buachaill atá sa bhanna ceoil?
An mó rinceoir atá ag damhsa i bpictiúr a sé?
Ar thaitin an cheolchoirm leis an lucht éisteachta?

1 An Cheolchoirm

Sheinn cuid díobh feadóga stáin, cuid díobh veidhlíní.

Chan grúpa popamhráin agus rinne siad an-cheol.

Chuir grúpa rinceoirí críoch leis an gceolchoirm.

2 (a) An Cheolchoirm

Chuir club na n-óg ceolchoirm ar siúl Dé Domhnaigh seo caite. Bhí páirt bheag ag Síle agus ag Seán i sceitse ann.

Thosaigh banna ceoil na scoile an cheolchoirm. Sheinn cuid díobh feadóga stáin, cuid díobh veidhlíní agus cuid eile fós pianóchairdíní. Sheinn Ciara na drumaí. Ansin chuaigh grúpa Shíle agus Sheáin ar an stáitse. Rinne siad sceitse grinn. Thug an lucht éisteachta an-bhualadh bos dóibh. Chan grúpa popamhráin. Rinne siad an-cheol. Chuir grúpa rinceoirí críoch leis an gceolchoirm.

Mhol Mamaí Shíle an sceitse go hard. Dúirt sí go raibh sé thar barr. Bhí bród an domhain ar Shíle agus ar Sheán nuair a chuala siad é sin.

(b) Ceisteanna

1. Cé a chuir an cheolchoirm ar siúl?
2. Cé a thosaigh an cheolchoirm?
3. Ainmnigh na gléasanna ceoil a bhí ag an mbanna.
4. Céard a rinne grúpa Shíle agus Sheáin?
5. An raibh an lucht éisteachta sásta leis an sceitse?
6. Cé a chuir críoch leis an gceolchoirm?
7. Cén fáth a raibh bród an domhain ar Shíle agus ar Sheán?

Foclóir:
club na n-óg = youth club
sceitse = sketch
lucht éisteachta = audience
Mhol Mamaí = Mammy praised
thar barr = excellent

3 (a) Le foghlaim:

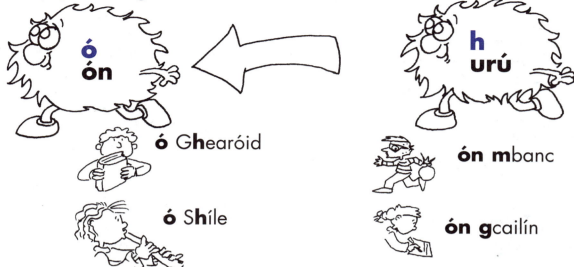

ó Ghearóid

ón mbanc

ó Shíle

ón gcailín

(b) Abair agus scríobh na freagraí.

1. An bhfuair tú leabhar ó Ghearóid? ✔
2. An bhfuair tú veidhlín ó Shíle? ✗
3. Ar ghoid an gadaí airgead ón mbanc? ✔
4. Ar thóg tú peann ón gcailín? ✗

(c) Le foghlaim:

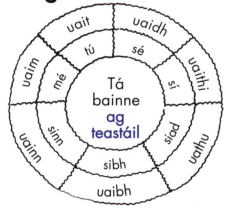

ó
uaim (mé)
uait (tú)
uaidh (sé)
uaithi (sí)
uainn (sinn)
uaibh (sibh)
uathu (siad)

(d) Líon na bearnaí:

1. Bhí seanchóta ag teastáil (sé) _____.
2. Níor ghoid Síle dlúthdhioscaí (siad)_____.
3. Ar thóg an buachaill dána an leabhar (tú)_____?
4. Tá bróga nua ag teastáil (sí)_____.
5. Ná tóg an bainne ón (cat) _____.
6. Ar ghoid an gadaí deich euro (sibh)_____?

4 (a) Le foghlaim:

1. Tá mé **mór** — Tá mé **níos mó** — Is mise an luch **is mó**
2. Tá mé **beag** — Tá mé **níos lú** — Is mise an seilide **is lú**
3. Tá mé **óg** — Tá mé **níos óige** — Is mise an buachaill **is óige**
4. Tá mé **sean** — Tá mé **níos sine** — Is mise an fear **is sine**

5. te – níos teo – is teo   6. fuar – níos fuaire – is fuaire

(b) Líon na bearnaí:
1. Tá Seán níos (óg) _____ ná Liam ach is é Ciarán an buachaill is (óg)_____.
2. Is í Máire an cailín is (sean) _____ sa rang.
3. Is (te) _____ an samhradh ná an fómhar.
4. Is (fuar) _____ an geimhreadh ná an fómhar.
5. Tá an leon mór ach tá an eilifint níos (mór)_____.
6. Tá an frog beag ach tá an seilide níos (beag) _____.

5 Scríobh an scéal.
Íde – i mbanna ceoil – pianóchairdín – ceolchoirm sa scoil – ar an stáitse – múinteoirí – tuismitheoirí (parents) - banna ceoil – tús leis an gceolchoirm – feadóga stáin – veidhlíní – pianóchairdíní – bualadh bos mór – páistí – dráma beag – hata ard – puipéid – tuismitheoirí ag gáire – áthas an domhain – Tar éis an tseó – cóisir – milseáin – líomanáid – lúcosáid – abhaile – tuirseach traochta – leaba

CEACHT 25
(Dul Siar)

Cúchulainn CD Rian 26

Bhí buachaill ann fadó. Setanta ab ainm dó. Bhí a uncail ina rí. Conchúr ab ainm dó. Lá amháin bhí Setanta ag imirt iománaíochta lena chairde. Shiúil Conchúr chuige.

'Ar mhaith leat teacht liom go féasta i ndún Chulainn?' arsa Conchúr.

'Ba mhaith liom,' arsa Setanta, ' ach an féidir liom an cluiche iománaíochta a imirt ar dtús?'

'Is féidir leat,' arsa Conchúr,' ach brostaigh ort ansin.'

Leis sin, d'imigh Conchúr agus a shaighdiúirí go dún Chulainn. Chuir Culann fáilte mhór roimh Chonchúr.

'Céad míle fáilte romhat, a Chonchúir,' arsa Culann. 'Agus an bhfuil aon duine eile ag teacht?'

Rinne Conchúr dearmad ar Shetanta.

'Níl,' ar seisean.

'Tá go maith,' arsa Culann. 'Ligfidh mé saor an cú fíochmhar atá agam. Cosnóidh sé an dún nuair a bheimid ag ithe.

Foclóir: dún = fort;   Ligfidh mé saor = I will free;   cú fíochmhar = ferocious hound;   Cosnóidh sé = he will guard

Lig Culann a chú saor. Dhún sé doras an dúin. Thosaigh Conchúr, Culann agus na saighdiúirí ag ithe, ag ól agus ag caint.

Nuair a bhí an cluiche iománaíochta thart rith Setanta díreach ar aghaidh go dún Chulainn. Nuair a bhí sé in aice an dúin, chonaic sé cú fíochmhar ag rith chuige. Ní raibh ach sliotar is camán aige. Bhuail sé an sliotar leis an gcamán. Chuaigh an sliotar siar i scornach an chú agus mharaigh sé é.

Chuala Conchúr, Culann agus na saighdiúirí an raic uafásach. Léim Conchúr ina sheasamh.

'Ó, rinne mé dearmad glan ar Shetanta,' ar seisean. 'Maróidh an cú é!'

Rith siad go léir amach an doras. Chonaic siad an cú marbh ar an bhféar agus Setanta ina sheasamh os a chionn. Bhí brón an domhain ar Chulann nuair a chonaic sé a chú marbh.

'Cé a chosnóidh mo dhún anois?' ar seisean.

'Cosnóidh mise é go mbeidh cú eile agat,' arsa Setanta.

Sin an fáth gur thug gach duine Cúchulainn mar ainm air as sin amach.

Foclóir: scornach = throat;   marbh = dead

 Turas Scoile CD Rian 27

Mamaí: Ar thaitin an turas scoile leat, a Shíle?
Síle: Thaitin sé go mór liom.
Mamaí: Cad a chonaic tú i bhFóta?
Síle : Chonaic mé ainmhithe agus éin.
Mamaí: Ar ith tú aon bhéile ann?
Síle : D'ith mé. Tá bialann ann agus d'ith mé ceapaire cáise agus ceapaire sicín inti. D'ól mé líomanáid freisin.
Mamaí: Ar cheannaigh tú aon rud?
Síle : Cheannaigh mé an dlúthdhiosca 'Tír an Tíogair' duit. Seo dhuit é.
Mamaí: Go raibh maith agat, a Shíle. Cad tá air?
Síle : Cloisfidh tú ceol agus glór an tíogair air.
Mamaí: Ar mhaith leat dul go Fóta arís?
Síle : Ba mhaith liom.
Mamaí: Cén fáth?
Síle : Bhí raic uafásach ar siúl ag na macánna ach níorbh fhéidir liom iad a fheiceáil.
Mamaí: Tógfaidh mise ann thú, a Shíle, nuair a bheidh lá saor agam.
Síle : Go raibh maith agat, a Mhamaí.

1

Ná déan dearmad

GACH LÁ

Aimsir Láithreach

(a)
1. An ndúnann tú?   Dúnaim   Ní dhúnaim
2. An ólann tú?   Ólaim   Ní ólaim
3. An gcuireann tú? Cuirim   Ní chuirim
4. An gceannaíonn tú? Ceannaím   Ní cheannaím
5. An éiríonn tú?   Éirím   Ní éirím
6. An ndúnann sé?   Dúnann sé   Ní dhúnann sé
7. An gcuireann sé? Cuireann sé   Ní chuireann sé
8. An gceannaíonn sé? Ceannaíonn sé Ní cheannaíonn sé

(b) **Abair nó scríobh i do chóipleabhar:**
1. An ndúnann tú an cófra gach lá?
2. An gcuireann tú sliotar i do mhála gach maidin?
3. An gceannaíonn Mamaí an páipéar gach lá?
4. An gcuireann Daidí veidhlín ar an mbord gach oíche?
5. An ólann tú cóc gach oíche?

2

(a)   Aimsir Láithreach

Dún	Cuir	Ceannaigh	Éirigh
Dúnaim	Cuirim	Ceannaím	Éirím
Dúnann tú	Cuireann tú	Ceannaíonn tú	Éiríonn tú
Dúnann sé/sí	Cuireann sé/sí	Ceannaíonn sé/sí	Éiríonn sé/sí
Dúnaimid	Cuirimid	Ceannaímid	Éirímid
Dúnann sibh	Cuireann sibh	Ceannaíonn sibh	Éiríonn sibh
Dúnann siad	Cuireann siad	Ceannaíonn siad	Éiríonn siad

(b) **Líon na bearnaí:**
1. (Dún:mé) _____ an garáiste gach oíche.
2. Ní (dún:mé) _____ an scoil gach tráthnóna.
3. (Gearr) _____ Daidí an t-arán gach maidin.
4. (Cuir) _____ Síle a bróga uirthi gach maidin.
5. (Bain) _____ Colm a stocaí de gach oíche.
6. (Ceannaigh) _____ na páistí ceapairí gach lá.
7. Ní (ceannaigh) _____ Mamaí drumaí gach lá.
8. Ní (bailigh) _____ mo chol ceathar na leabhair gach lá.

3 Ciorclaigh na focail.

camán
galf
liathróid
snúcar
lántosaí
cúilín
traein
bialann
léamar
macánna

éin
ainmhithe
dún
feadóg
veidhlín

d	f	a	t	c	ú	b	f	o	h	r	a	t	p
l	r	t	r	a	e	i	n	r	v	t	n	e	m
é	i	n	f	m	d	a	i	f	e	a	d	ó	g
a	v	r	é	á	b	l	c	a	i	r	s	n	a
m	a	c	á	n	n	a	h	t	d	ú	n	s	l
a	c	ú	c	r	b	n	d	n	h	e	ú	v	f
r	é	i	m	t	a	n	n	e	l	s	c	d	d
i	g	l	á	n	t	o	s	a	í	d	a	r	a
o	u	í	t	a	á	d	v	á	n	ú	r	ó	n
a	i	n	m	h	i	t	h	e	m	c	g	l	b
v	c	a	h	f	l	i	a	t	h	r	ó	i	d

4 Bris an cód agus scríobh na freagraí.

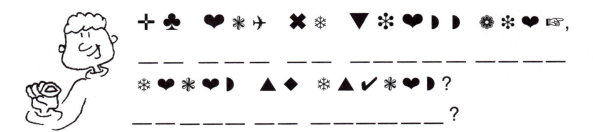

Arthur __
leabharseo leat?

A a b C c d e é f h i í l m n o ó r s t u ú

135 céad tríocha a cúig

CEACHT 26

Na Briathra Neamhrialta

1 (a) Le foghlaim: *learn*

Aimsir Chaite	Aimsir Láithreach	Aimsir Fháistineach
	Téigh	
Chuaigh mé (inné)	Téim (gach lá)	Rachaidh mé (amárach)
Chuaigh tú	Téann tú	Rachaidh tú
Chuaigh sé (sí)	Téann sé (sí)	Rachaidh sé (sí)
Chuamar	Téimid	Rachaimid
Chuaigh sibh	Téann sibh	Rachaidh sibh
Chuaigh siad	Téann siad	Rachaidh siad
Ní **dheachaigh** mé	Ní théim	Ní rachaidh mé

(b) Scríobh amach na habairtí seo a leanas gan lúibíní:
1. (Téigh) _____ Seán go dtí an siopa inné.
2. (Téigh) _____ Ciara go dtí an leabharlann Dé Luain seo caite.
3. (Téigh) _____ mé ar scoil Dé Máirt seo chugainn.
4. (Téigh) _____ Mamaí ag obair gach lá.
5. '(Téigh) _____ mé go dtí an garáiste amárach,' arsa Daidí.
6. Ní (téigh) _____ mé isteach sa chathair Dé Sathairn seo caite.

2 (a) Le foghlaim: *learc*

Aimsir Chaite	Aimsir Láithreach	Aimsir Fháistineach
	Feic	
Chonaic mé (inné)	Feicim (gach lá)	Feicfidh mé (amárach)
Chonaic tú	Feiceann tú	Feicfidh tú
Chonaic sé (sí)	Feiceann sé (sí)	Feicfidh sé (sí)
Chonaiceamar	Feicimid	Feicfimid
Chonaic sibh	Feiceann sibh	Fecifidh sibh
Chonaic siad	Feiceann siad	Feicfidh siad
Ní **fhaca** mé	Ní fheicim	Ní fheicfidh mé

(b) Scríobh amach na habairtí seo a leanas gan lúibíní:
1. (Feic) _____ mé Pól ag imirt sacair sa spás oscailte inné.
2. (Feic:mé) _____ mo mhadra Rúfaí gach maidin.
3. (Feic) _____ Síle an múinteoir Dé Luain seo chugainn.
4. (Feic:sinn) _____an bus ar an mbóthar gach lá.
5. (Feic:sinn) _____Mamaí ag imirt sacair tráthnóna inné.
6. Ní (feic) _____ mé tarbh sa pháirc Dé Céadaoin seo caite.

136 céad tríocha a sé

3 (a) Le foghlaim:

Aimsir Chaite	Aimsir Láithreach	Aimsir Fháistineach
	Déan	
Rinne mé (inné)	Déanaim (gach lá)	Déanfaidh mé (amárach)
Rinne tú	Déanann tú	Déanfaidh tú
Rinne sé (sí)	Déanann sé (sí)	Déanfaidh sé (sí)
Rinneamar	Déanaimid	Déanfaimid
Rinne sibh	Déanann sibh	Déanfaidh sibh
Rinne siad	Déanann siad	Déanfaidh siad
Ní **dhearna** mé	Ní dhéanaim	Ní dhéanfaidh mé

(b) Scríobh amach na habairtí seo a leanas gan lúibíní:

1. (Déan) _____ mé mo cheachtanna tar éis an dinnéir aréir.
2. (Déan) _____ Síle dearmad ar a lón inné.
3. '(Déan) _____ mé an obair sin amárach,' arsa Daidí le Mamaí.
4. (Déan) _____ an smólach nead san fhál gach earrach.
5. (Déan:sinn) _____ caisleáin ar an trá Dé hAoine seo caite.
6. Ní (déan) _____ mé dearmad ar an scéal a scríobh aréir.

4 (a) Le foghlaim:

Aimsir Chaite	Aimsir Láithreach	Aimsir Fháistineach
	Faigh	
Fuair mé (inné)	Faighim (gach lá)	Gheobhaidh mé
Fuair tú	Faigheann tú	Gheobhaidh tú
Fuair sé (sí)	Faigheann sé (sí)	Gheobhaidh sé (sí)
Fuaireamar	Faighimid	Gheobhaimid
Fuair sibh	Faigheann sibh	Gheobhaidh sibh
Fuair siad	Faigheann siad	Gheobhaidh siad
Ní bhfuair mé	Ní fhaighim	Ní **bhfaighidh** mé

(b) Scríobh amach na habairtí seo a leanas gan lúibíní:

1. (Faigh) _____ Daideo cóta nua tráthnóna amárach.
2. (Faigh:mé) _____ mo dhinnéar ar a sé a chlog gach lá.
3. (Faigh) _____ Ciara lúcosáid sa siopa Dé Máirt seo chugainn.
4. (Faigh) _____ Ciarán cnónna agus úlla sa siopa inné.
5. (Faigh) _____ Síle uachtar reoite gach samhradh.
6. Ní (faigh) _____ mé an páipéar sa siopa inné.

5 (a) Le foghlaim:

Aimsir Chaite	Aimsir Láithreach	Aimsir Fháistineach
	Clois	
Chuala mé	Cloisim (gach lá)	Cloisfidh mé (amárach)
Chuala tú	Cloiseann tú	Cloisfidh tú
Chuala sé (sí)	Cloiseann sé (sí)	Cloisfidh sé (sí)
Chualamar	Cloisimid	Cloisfimid
Chuala sibh	Cloiseann sibh	Cloisfidh sibh
Chuala siad	Cloiseann siad	Cloisfidh siad
Níor chuala mé	Ní chloisim	Ní chloisfidh mé

(b) Scríobh amach na habairtí seo a leanas gan lúibíní:

1. (Clois) _____ Mamó an cat ag crónán maidin inné.
2. (Clois) _____fear an bhainne Rúfaí ag tafann gach maidin.
3. (Clois:sinn) _____ an grúpa ag canadh Déardaoin seo caite.
4. (Clois:mé) _____ an múinteoir ag caint gach lá.
5. (Clois:sinn) _____ na héin ag canadh Dé Domhnaigh seo chugainn.
6. Níor (clois:mé) _____ an toirneach aréir.

6 (a) Le foghlaim:

Aimsir Chaite	Aimsir Láithreach	Aimsir Fháistineach
	Ith	
D'ith mé	Ithim	Íosfaidh mé (amárach)
D'ith tú	Itheann tú	Íosfaidh tú
D'ith sé (sí)	Itheann sé (sí)	Íosfaidh sé (sí)
D'itheamar	Ithimid	Íosfaimid
D'ith sibh	Itheann sibh	Íosfaidh sibh
D'ith siad	Itheann siad	Íosfaidh siad
Níor ith mé	Ní ithim	Ní íosfaidh mé

(b) Scríobh amach na habairtí seo a leanas gan lúibíní:

1. (Ith) _____ mé calóga arbhair maidin amárach.
2. Ní (ith:mé) _____ ubh gach maidin.
3. (Ith:sinn) _____ an bricfeasta ar a hocht a chlog maidin inné.
4. (Ith) _____ Laoise ceapaire cáise gach lá sa scoil.
5. (Ith) _____ Mamaí prátaí chun dinnéir amárach.
6. Ní (ith) _____ Brian burgar gach lá.

7 (a) Le foghlaim:

Aimsir Chaite	Aimsir Láithreach	Aimsir Fháistineach
	Tar	
Tháinig mé (inné)	Tagaim	Tiocfaidh mé (amárach)
Tháinig tú	Tagann tú	Tiocfaidh tú
Tháinig sé (sí)	Tagann sé (sí)	Tiocfaidh sé (sí)
Thángamar	Tagaimid	Tiocfaimid
Tháinig sibh	Tagann sibh	Tiocfaidh sibh
Tháinig siad	Tagann siad	Tiocfaidh siad
Níor tháinig mé	Ní thagaim	Ní thiocfaidh mé

(b) Scríobh amach na habairtí seo a leanas gan lúibíní:

1. (Tar) _____ Mamó go dtí an teach gach Domhnach.
2. (Tar) _____ an cigire isteach sa rang Dé Máirt seo chugainn.
3. Ní (tar) _____ San Nioclás chugam Dé hAoine seo chugainn.
4. (Tar) _____ Laoise liom go dtí an phictiúrlann tráthnóna inné.
5. (Tar) _____ Nóra ar phicnic liom gach samhradh.
6. Ní (tar) _____ m'aintín ar cuairt Dé Domhnaigh seo chugainn.

8 (a) Le foghlaim:

Aimsir Chaite	Aimsir Láithreach	Aimsir Fháistineach
	Tabhair	
Thug mé	Tugaim (gach lá)	Tabharfaidh mé
Thug tú	Tugann tú	Tabharfaidh tú
Thug sé (sí)	Tugann sé (sí)	Tabharfaidh sé (sí)
Thugamar	Tugaimid	Tabharfaimid
Thug sibh	Tugann sibh	Tabharfaidh sibh
Thug siad	Tugann siad	Tabharfaidh siad
Níor thug mé	Ní thugaim	Ní thabharfaidh mé

(b) Scríobh amach na habairtí seo a leanas gan lúibíní:

1. (Tabhair) _____ Síle bia don chat gach lá.
2. (Tabhair) _____ mé cnámh don mhadra amárach.
3. (Tabhair) _____ Mamaí cúig euro dom Dé Sathairn seo chugainn.
4. (Tabhair) _____ an múinteoir obair bhaile dúinn gach lá.
5. (Tabhair) _____ mé an cianrialtán do Dhaideo aréir.
6. (Ní:tabhair) _____ _____ mé seacht euro do Chiara inné.

9 (a) Le foghlaim:

Aimsir Chaite	Aimsir Láithreach	Aimsir Fháistineach
	Beir	
Rug mé	Beirim	Béarfaidh mé
Rug tú	Beireann tú	Béarfaidh tú
Rug sé (sí)	Beireann sé (sí)	Béarfaidh sé (sí)
Rugamar	Beirimid	Béarfaimid
Rug sibh	Beireann sibh	Béarfaidh sibh
Rug siad	Beireann siad	Béarfaidh siad
Níor rug mé	Ní bheirim	Ní bhéarfaidh mé

(b) Scríobh amach na habairtí seo a leanas gan lúibíní:

1. (Beir) _____ mé ar mo chara sa chlós inné.
2. (Beir) _____ na gardaí ar an ngadaí amárach.
3. (Beir) _____ Daidí ar a chóta gach lá.
4. (Beir:sinn) _____ ar éan Dé Sathairn seo caite.
5. Ní (beir) _____ mé ar an sionnach Dé Céadaoin seo chugainn.
6. (Beir) _____ éin ar phéisteanna gach lá sa bhliain.

10 (a) Le foghlaim:

Aimsir Chaite	Aimsir Láithreach	Aimsir Fháistineach
	Abair	
Dúirt mé	Deirim	Déarfaidh mé
Dúirt tú	Deir tú	Déarfaidh tú
Dúirt sé (sí)	Deir sé (sí)	Déarfaidh sé (sí)
Dúramar	Deirimid	Déarfaimid
Dúirt sibh	Deir sibh	Déarfaidh sibh
Dúirt siad	Deir siad	Déarfaidh siad
Ní dúirt mé	Ní deirim	Ní déarfaidh mé

(b) Scríobh amach na habairtí seo a leanas gan lúibíní:

1. (Abair) _____ mé an dán 'Sonia' Déardaoin seo chugainn.
2. (Abair) _____ Seán liom go raibh Síle breoite inné.
3. (Abair) _____ Ciara 'Slán' lena Mamaí gach lá.
4. (Abair) _____ an rang 'Fáilte romhat' nuair a tháinig an cigire.
5. Ní (abair) _____ mé an dán 'An Bosca' maidin amárach.
6. (Abair) _____ Liam 'Gabh mo leithscéal' nuair a bhris sé an cupán.

11 (a) Le foghlaim:

Aimsir Chaite	Aimsir Láithreach	Aimsir Fháistineach
	Bí	
Bhí mé	Táim	Beidh mé
Bhí tú	Tá tú	Beidh tú
Bhí sé (sí)	Tá sé (sí)	Beidh sé (sí)
Bhíomar	Táimid	Beimid
Bhí sibh	Tá sibh	Beidh sibh
Bhí siad	Tá siad	Beidh siad
Ní raibh mé	**Nílim**	Ní bheidh mé

(b) Scríobh amach na habairtí seo a leanas gan lúibíní:

1. (Bí) _____ an gruagaire ag obair sa salón Dé Luain seo caite.
2. (Bí) _____ áthas ar Shíle mar tá a lá breithe ann.
3. (Bí) _____béile breá ullamh ag Daidí tráthnóna amárach.
4. (Bí:sinn) _____ ar scoil anois.
5. Ní (bí:mé) _____ sa leabharlann tráthnóna inniu.

Ceisteanna

1. Cad? What?
2. Céard? What?
3. Conas? How?
4. Cé mhéad? How many?
5. Cathain? When?
6. Cén t-am? What time?
7. Cá? Where?
8. Cár? Where?
9. Cé? Who?
10. Cén fáth? Why?
11. Ar? Did?
12. An? Does?

Laethanta na seachtaine

An Luan	Dé Luain
An Mháirt	Dé Máirt
An Chéadaoin	Dé Céadaoin
An Déardaoin	Déardaoin
An Aoine	Dé hAoine
An Satharn	Dé Sathairn
An Domhnach	Dé Domhnaigh

Míonna na bliana

Eanáir	Iúil
Feabhra	Lúnasa
Márta	Meán Fómhair
Aibreán	Deireadh Fómhair
Bealtaine	Samhain
Meitheamh	Nollaig

Na Séasúir

| An tEarrach | An Fómhar |
| An Samhradh | An Geimhreadh |

Uimhreacha

1	aon	duine	1st	an chéad duine
2	dó	beirt	2nd	an dara duine
3	trí	triúr	3rd	an tríú duine
4	ceathair	ceathrar	4th	an ceathrú duine
5	cúig	cúigear	5th	an cúigiú duine
6	sé	seisear	6th	an séú duine
7	seacht	seachtar	7th	an seachtú duine
8	ocht	ochtar	8th	an t-ochtú duine
9	naoi	naonúr	9th	an naoú duine
10	deich	deichniúr	10th	an deichiú duine

Seanfhocail

1. Tosach maith leath na hoibre.
2. Ní thagann ciall roimh aois.
3. Is fearr déanach ná ródhéanach.
4. An rud atá sa chat bíonn sé sa phuisín.
5. Molann an obair an duine.
6. Is olc an ghaoth nach séideann do dhuine éigin.
7. Is fearr obair ná caint.
8. Is geal leis an bhfiach dubh a ghearrcach féin.
9. Is é an duine an t-éadach.
10. Is fearr leathbhuilín ná bheith gan arán.

Na Briathra

(a)

Dhún mé = I closed
Ghlan mé = I cleaned
Ghearr mé = I cut
Thóg mé = I took
Phioc mé = I picked
Chas mé = I turned
Chan mé = I sang
Sheas mé = I stood
Shiúil mé = I walked
Chíor mé = I combed
Cheap mé = I thought
D'fhan mé = I stayed
D'fhéach mé = I looked
D'fhág mé = I left

D'ól mé = I drank
D'íoc mé = I paid
Stop mé = I stopped
Stad mé = I stopped
Las mé = I lit
Scríobh mé = I wrote
Leag mé = I knocked
Líon mé = I filled
Scuab mé = I brushed

Chuir mé = I put
Bhris mé = I broke
Shéid mé = I blew

Sheinn mé = I played
Theip orm = I failed
Shín mé = I stretched
Chaill mé = I lost
Thit mé = I fell
Shroich mé = I reached
Bhuail mé = I struck
Chaith mé = I threw
Gháir mé = I laughed
Ghoid mé = I stole
Léim mé = I jumped
Rith mé = I ran
D'éist mé = I listened
Nigh mé = I washed

(b)

Cheannaigh mé = I bought
Bhrostaigh mé = I hurried
Thosaigh mé = I began
Mharaigh mé = I killed
Chríochnaigh mé = I finished
Shleamhnaigh mé = I slipped
Ghortaigh mé = I hurt
Scrúdaigh mé = I examined
Chodail mé = I slept
D'oscail mé = I opened

Dhúisigh mé = I awoke
Bhailigh mé = I gathered
Dheisigh mé = I fixed
Mhaisigh mé = I decorated
Chruinnigh mé = I gathered
Chuidigh mé = I helped
D'éirigh mé = I got up
D'oibrigh mé = I worked
D'imigh mé = I went

(c)

Na Briathra Neamhrialta

Bhí mé = I was
Chuaigh mé = I went
Thug mé = I gave
D'ith mé = I ate
Dúirt mé = I said
Tháinig mé = I came

Fuair mé = I got
Rug mé = I caught
Chuala mé = I heard
Rinne mé = I made
Chonaic mé = I saw

LITRIÚ

1
tráthnóna
Shiúil sé
D'oscail sé
Chuaigh sé
isteach
Rinne sé
ceathair
ar chlé
oscailte
Thosaigh sé
ag imirt
Cheannaigh sé
milseáin
abhaile
déanta

2
gruagaire
tráthnóna
Chuaigh mé
sa chathair
shiúlamar
Thaispeáin sí
cathaoir
Nigh sí
seampú
siosúr
ghearr sí
fuair sí
Thriomaigh sí
D'fhéach mé
scáthán

3
Tháinig sí
Chuir sé
fáilte
seomra
D'fhan sé
clár scátála
Thosaíomar
ag rásaíocht
níos mire
chuamar
cheannaigh mé
greannán
D'imigh sé
abhaile
Thaitin

4
ina chónaí
leathscoite
D'fhág sé
cúldoras
ar oscailt
D'éalaigh sé
Chonaic sé
staighre
ina dhiaidh
vardrús
seomra
a dheirfiúr
Chuimil sí
Thosaigh sé
ag crónán

6
luchín
inné
D'oscail sí
Chuimil sí
ag obair
ríomhaire
Tíreolaíocht
grúpa
léarscáil
Bhuail sí
Chonaic sí
bhéic sí
ag béiceadh
Ghabh sí
múinteoir

7
timpiste
Matamaitic
páistí
Ghlaoigh sé
freagraí
suimeanna
Bhuail sé
uirthi
cuaille
Thosaigh sí
múinteoir
seomra
polláirí
méara
a haghaidh

8
itheann sí
an chlann
dinnéar
cuireann sé
foirc
sceana
spúnóga
Dúnann sí
miasniteoir
níonn sí
Líonann sé
doirteal
Triomaíonn sí
sa chófra
Tugann sí

9
smólach
sa ghairdín
amháin
earrach
Déanann siad
ceithre
feicim
Faigheann sé
Preabann sé
Casann sé
Sciobann sé
uaireanta
Buaileann sé
imíonn sé
gearrcaigh

11
aréir
teilifís
ar fheabhas
leadránach
Tháinig sé
gallúnra
D'fhéach sí
nuacht
scannán
leathuair
cainéal
ar siúl
cluiche
Thaitin sé
Chodail sé

12
Cuideoidh mé
Nífidh mé
prátaí
cairéid
Cuirfidh sí
clúdóidh mé
turcaí
Tiocfaidh sé
íosfaidh sé
spúnóga
foirc
sceana
buidéal
gearrfaidh sí
Seinnfidh mé

13
cuairt
breithlá
seasca
Ghabh sí
buíochas
barróg
uirthi
Chuaigh sí
D'fhéach sí
cluasáin
cluichí
ríomhaire
Thriail sí
Roghnaigh sí
D'fhill sí

14
siopadóireacht
uachtar
Shiúil sí
bóthar
isteach
Cheannaigh sí
greannán
cluasáin
dlúthdhiosca
leadránach
ar fheabhas
dearmad
déanach
D'éist sí
maróidh sí

16
Cuireann sé
bleibeanna
tiúilipí
cuidíonn sé
faigheann sé
barra rotha
lámhainní
sluasaid
Tosaíonn sé
ag romhar
piocann sé
fiailí
Cuireann sé
Tagann
spideog

17
stoirm
d'fhág sé
an ghaoth
ag séideadh
go láidir
Bhrostaigh sé
Shiúil sí
timpeall
chonaic sí
níos láidre
géaga
ag lúbadh
an fhuinneog
tintreach
toirneach

18
comórtas
aréir
tuismitheoirí
gléasta
bríste
déanta
buataisí
claíomh
féasóg
stáitse
bualadh bos
Chonaic sí
sna trithí
Bhuaigh sí
duais

19
Pádraig
D'éirigh sí
seamróg
cruit
an pharáid
Chonaic sí
saighdiúirí
Tháinig sé
gléasta
ag luascadh
ag gáire
rinceoirí
gasóga
leoraí
thaitin

21

imríonn
camógaíocht
ar fhoireann
camán
clogad
ag imirt
Buaileann sí
sliotar
uaireanta
ar seachrán
lánchúlaí
lántosaí
calaois
séideann sí
réiteoir

22

imríonn
leadóg
Satharn
Tógann sí
raicéad
Cheannaigh sí
cara
líon
Buaileann sí
Caitheann sí
liathróid
Freastalaíonn sí
chuici
faigheann sí
tar éis tamaill

23

turas
Chuaigh sé
Dé hAoine
seo caite
traein
D'fhéach mé
ar fhíseán
thosaigh sé
Thaitin
bialann
ceapaire
léamar
ina dhiaidh
thosaigh
uafásach

24

ceolchoirm
Dé Domhnaigh
seo caite
Thosaigh sé
Sheinn sé
feadóga
veidhlíní
drumaí
stáitse
Rinne sí
sceitse
dóibh
popamhráin
rinceoirí
chuala sí